RESPETO AL TAMBOR

HOMENAJE A ROBERTO "JUNIOR" CESARI

MAX JURADO

RESPETO AL TAMBOR

HOMENAJE A ROBERTO "JUNIOR" CESARI

EDITORIAL AUTORES DE ARGENTINA

Jurado, Angel Maximiliano
Respeto al tambor : homenaje a Roberto Junior Cesari / Angel Maximiliano Jurado. - 1a ed. - Ciudad Autónoma de Buenos Aires : Autores de Argentina, 2016.
160 p. ; 20 x 14 cm.

ISBN 978-987-711-676-2

1. Narrativa Argentina. 2. Novelas Biográficas. I. Título.
CDD A863

EDITORIAL AUTORES DE ARGENTINA
www.autoresdeargentina.com
Mail: info@autoresdeargentina.com

Diseño de portada: Justo Echeverría
Diseño de maquetado: Maximiliano Nuttini

Queda hecho el depósito que establece la LEY 11.723.
Impreso en Argentina – *Printed in Argentina*

SIGNIFICADO DE MAESTRO

El éxito de un profesional radica fundamentalmente en lo primero, en El Maestro. No se puede estudiar con un maestro que no sea democrático, que no sea un tipo de amplio espectro. Un Maestro de amplio espectro dejará de lado sus frustraciones, sus inhibiciones, sus contrariedades y, a pesar de sus fracasos, sus virtudes y éxitos, enseñará lo que él considere que sirve para tocar un instrumento de una forma artística y profesional. Creo que lo que más se necesita de parte de un Maestro es comprometerse realmente con el alumno. No estamos hablando de profesor. El compromiso significa que tiene que superar el hecho de ser un profesor para ser un Maestro. Y la persona que esté frente a él tiene que superar el hecho de ser un alumno para ser un discípulo, con todo el significado religioso, orientalista, con todo el significado que uno le quiera dar a la palabra discípulo. Tiene que haber un compromiso humano. Uno está forjándole el futuro a una persona. Uno tiene que ser, como Maestro, responsable de lo que está enseñando, de la forma en que lo está transmitiendo, y tiene que preocuparse por mantener los hilos de comunicación con esa persona que tiene en frente.

JUNIOR CESARI

PRÓLOGO

EL MOTIVO

Durante el invierno del año 2015, comencé a darme cuenta de la existencia de un gran peligro cultural en la enseñanza de la batería de nuestro país. No por falta de verdaderos maestros, sino a raíz de cuatro suposiciones que pude encontrar como posibles respuestas.

La primera: con las telecomunicaciones a nivel mundial, hoy en día es tan sencillo bajar un tutorial, una clínica o un libro desde internet que prácticamente cualquier persona puede aprender conocimientos básicos de distinto tipo de disciplinas, sin por ello recurrir a un maestro. Muchos otros, que ya han adquirido conocimientos básicos en instituciones o con un profesor particular, han terminado cayendo en la misma metodología de los iniciados internautas, continuando sus conocimientos utilizando la misma forma y no como un simple complemento o medio, como puede ser aprovechar dicha tecnología tomando clases online con un maestro o una institución, que en los tiempos que corren resulta ser una gran ventaja. Luego están los avanzados y los expertos, quienes, para sacarse alguna duda o intentar profundizar un tema en particular, lo hacen de la misma manera. Claro está que para ellos sería menos peligroso en todos los casos.

Con esto no quiero decir que este avance es una desventaja o el enemigo, sino que, en parte por esta posible situación, la cultura de recurrir a un maestro o a una institución, pagar una clase y recibir el conocimiento correcto de una forma adecuada, está viéndose disminuida considerablemente.

La segunda: han proliferado por doquier una cantidad considerable de bateristas inexpertos y de bajos conocimientos, que comenzaron a dar clases a modo de trabajo remunerativo, y dejaron en un segundo plano el compromiso ético de formar verdaderamente al alumno.

Tercera: encontramos bateristas expertos y con gran experiencia, que consideran que son las únicas y necesarias condiciones para poder enseñar el conocimiento adquirido.

El arte de enseñar es algo totalmente distinto al de ejecutar bien un instrumento o una disciplina. Se necesitan muchas más cualidades de uno para poder realizarlo, y esas cualidades necesarias son el amor, la sabiduría, una metodología y la paciencia. El amor como base fundamental y motora que lleva a una persona a la acción de enseñar. Sabiduría porque es el conocimiento verdadero y puro, y no escaso y sin fundamentar, el que debe transmitirse. Un método porque sin él se hace imposible abordar los conocimientos en su forma correcta para que el alumno los internalice. Y paciencia porque el maestro debe esperar el tiempo que sea necesario para que el alumno pueda asimilar y reproducir el conocimiento dado. Esta última creo que es una de las más difíciles que pueden llegar a encontrarse.

La cuarta razón que encuentro, la cual no es posible sino real, es que gran parte de ese peligro cultural ha sido debido al adiós de uno de los padres de la batería en Argentina, Maestro de raza y formador de formadores, el señor Roberto Junior Cesari.

Junior ha dejado el mejor legado que un maestro puede dejar, sus enseñanzas y a sus discípulos. Con un gran amor, con mucha sabiduría, carácter y paciencia, ha formado durante varias décadas a los mejores profesionales de nuestro país. Elevó la enseñanza del instrumento a un nivel tan profesional y profundo, tan comprometido y tan abundante, que desde su partida, ha sido prácticamente imposible volver a encontrar en otro ser. Tuvo algo que lo ha caracterizado siempre y lo ha hecho distinto de un maestro corriente. Ese "algo distinto" ha sido su carácter especial, fuerte y ácido por momentos, formándoles también el carácter propio de sus alumnos frente al instrumento, poniéndolos atentos, inquietos, irritados y aliviados al final, haciéndolos verse vulnerables para luego poder superarse. Abarcó desde lo cognoscitivo hasta lo físico y lo emocional.

El motivo por el cual escribo este libro es principalmente homenajear a mi gran Maestro Junior, y además, transmitir y hacer perdurar en el tiempo su brillante manera de ver la vida y la música, tanto para las generaciones existentes como para las venideras. A través de las mejores clases que he tenido con él, con sus charlas, de sus propias palabras y a través del testimonio de sus discípulos y colegas, que hoy en día son los bateristas más importantes e influyentes de nuestro país.

Dedicado a los pocos diamantes brillantes que quedan y existirán, dedicando su vida a la verdadera enseñanza, y a los que se embarcan en su verdadera búsqueda.

EL COMIENZO

A los diez años, acompañando a mi padre en el auto, descubro lo que, a partir de ese momento, marcaría el resto de las decisiones que tomaría en mi vida. Se bajó del auto y me pidió que me quedara un instante. Veníamos escuchando música a todo volumen por la radio hasta que en un momento comienza a sonar un tema que haría un despertar en mí, el tema era "De música ligera", de Soda Stereo. Cuando me doy cuenta, estaba tocando con las manos la parte superior de la guantera del auto, sintiendo una sensación emocionante, únicamente comparada con la extraordinaria sensación de volar, que alguna vez podemos experimentar en sueños.

Al llegar mi padre, lo miré y le comenté con gran entusiasmo lo que había ocurrido: –Ya sé qué instrumento quiero tocar, quiero tocar la batería...

A partir de ese entonces, mis años continuaron con mucho entusiasmo y dedicación, y comenzó un periodo de fanatismo por la batería que solo los apasionados por lo que hacen pueden llegar a comprender.

Varios años después, con tan solo 19 años, comencé mi travesía hasta llegar a conocer al gran Maestro. Compré, como era de costumbre por el año 2006, la revista de clasificados de mi ciudad, y en la sección de instrumentos encontré uno que me interesaba. En ese tiempo, el boom de internet y la compra online todavía no estaban instaladas como cultura, y eran esas revistas las que nos ayudaban bastante a conseguir cosas. No pude con mi ansiedad y al instante que lo leí, fui directamente al lugar. Me atendió una persona joven, educada y comenzó a mostrarme todos los instrumentos que tenía. Al finalizar de ver todo lo que ofrecía, me decidí por no comprar nada, eran de muy buena calidad, pero justamente no era lo que estaba necesitando.

Cuando me retiraba, sentí curiosidad y le pregunté al buen joven si conocía a algún profesor con el que valiera la pena estudiar (desde los 12 años hasta los 19 había estado estudiando con varios, y el último había partido de viaje). Me dijo que conocía a uno llamado Arturo Álvarez y me brindó su teléfono para que lo llamara. Si bien al muchacho no le había comprado nada, sabía que el propósito de haber ido era posiblemente conocer a Arturo. Las casualidades no existen, siempre me lo han repetido, así que opté por ir a conocerlo. Realicé un primer contacto con Arturo y quedamos en una primera clase.

Al llegar al lugar, vi un portón de garaje, hice unas palmadas y al instante salió él. Mi primera impresión fue que era un baterista profesional, algo tímido y también un poco rústico. Me comentó que, una vez, un maestro suyo le dijo que su deber en algún momento era transmitir el conocimiento que le había dado, que era una parte de su misión poder llegar a hacerlo y el hecho de hacerlo lo iba a llenar de orgullo y honor. Ese maestro se llamaba Junior. Sin darle tanta importancia a ese nombre que me mencionó, me había quedado grabado el mensaje que recibió Arturo de su maestro, realmente algo muy noble.

Comencé a tomar las clases. Me introdujo en los elementos técnicos, conocí el famoso Síncopation, la subdivisión binaria y ternaria, lectura de figuras, abrir el set de batería hacia los distintos cuerpos y platos, independencia de bossa nova, independencia aplicada en el jazz, lectura a primera vista, estilos como el funk y el reggae, el libro *Charly Wilconson 3* de marching bands e infinidades de cosas más...

Luego de casi un año de estudio y de práctica, mis habilidades con la batería habían mejorado, y Arturo creyó que era un buen momento para pasarme trabajos como baterista que él, obviamente, no llegaba a cubrir por los tiempos. Es así que comencé a ingresar en el ambiente de músicos de la cuidad. Tocaba los sábados, luego los viernes y sábados, más tarde, miércoles, viernes y sábados, hasta llegar a tocar prácticamente todos los días de la semana.

Con 21 años, estaba realizando el sueño del pibe. Hacía shows con las mejores bandas de la costa, daba clases, vivía de la música y estaba haciendo lo que más me gustaba: tocar la batería.

En uno de los shows, me vino a ver Arturo con un amigo suyo, Tomás Corbalán, la persona que luego fue clave en el descubrimiento del gran Maestro. Tomás fue un gran alumno de Junior, como también lo fue Arturo.

En un momento determinado, dentro de ese trajín de cosas, me di cuenta que más de lo que había logrado en Mar del Plata, junto a la ayuda de Arturo, no tenía más nada por hacer. Había llegado al famoso límite, o techo, y no había manera de superarlo.

Tomás, gran amigo de Arturo, me dijo entre charlas:

–Vos, Max, tenés idea de lo que querés con la batería, sería ideal que conocieras a Junior y tomaras clases con él. Tu groove va a crecer, tu técnica va a desarrollarse bastante, tu swing va a bailar y tu cabeza va a explotar.

Me mencionó que Junior había sido maestro de Oscar Giunta, Marcelo Castro, Diego Alejandro, Fito Messina, Jorge Araujo, Javier Puyol, Quintino, Julio Figueroa, Daniel Hoyos, entre otros monstruos, y me dije: "Tengo 21 años, ¿por qué no?".

Solo el amor a la música, la pasión a la batería y sumada al instinto, me dieron a entender que tenía más cosas para ganar que para perder.

Era joven, con algo de experiencia, con algunos conocimientos y con granas de crecer. Fue así que comencé a diseñar mi viaje a Buenos Aires, para conocer y estudiar con el Maestro que más tarde iba a marcarme el resto de mi vida.

Tanto Arturo como Tomás habían sido discípulos de él. Digo la palabra "discípulo", no porque hayan recibido enseñanzas de un dogma, de una estructura religiosa o de una entidad sectaria, sino por el contrario, fueron recibidores de un conocimiento tan verdadero que únicamente un verdadero maestro puede llegar a conseder.

Ya habiendo tomado la decisión de viajar, hablé con las bandas en las que estaba involucrado y les comenté de mi viaje. Algunas se mostraron resistentes a la idea, y otras, por el contrario, se mostraron bastante solidarias apoyando mi decisión. Por otro lado, mi familia mostró ambas posiciones; sin embargo, terminaron dándome su pleno apoyo y su comprensión.

En el transcurso de esta decisión, muy importante en mi vida y en mi carrera, se introduce en este relato de la historia, otro gran amigo, Facundo Saigg.

Entre charla y charla, me dijo que si pensaba irme a Buenos Aires, me hospedara en su casa, que me acomodara en la ciudad y empezara mi historia tranquilo.

Facundo es de aquellas personas que sin razón de tener que aparecer en la vida de uno aparecen. Un amigo que conocí a los 16 años, cuando tocando heavy progresivo con mi hermano, a todo volumen, nos tocó el timbre y nos dijo:

–Buenas tardes, soy Facu, su vecino. Les toco el timbre porque a esta hora del día y con tremendo ruido no puedo estudiar. Si no los veo tocar para ver lo que hacen, creo que los voy a terminar matando.

El eterno karma del baterista, poder tocar sin molestar a nadie, se convertía en un amuleto de la suerte. Así fue que, después de una hermosa amistad, fue quien me abrió las puertas de su casa. Facundo estaba viviendo en Buenos Aires justo en el momento en que iba a viajar.

Mi ansiedad cada vez fue mayor. Por momentos se transformaba en desesperación, y por otros, eterno de realizarse.

Una vez finalizada la temporada de verano, habiendo cumplido con Arturo, ya de mi familia y con los shows que estaban previstos, el domingo once de Mayo del dos mil ocho, emprendí por fin ese viaje.

Cuando llegué a Buenos Aires, frenó el micro en Retiro, y al abrirse las puertas del autobús, me esperaba Facundo, con dos latas de cerveza en la mano y con una gran sonrisa.

–Bienvenido, Max, bienvenido, amigo... Dios está en todas partes, pero ¿sabés qué? Atiende acá, en Buenos Aires.

Le di un fuerte abrazo y comencé la travesía.

Ese mismo Domingo lo llamé por primera vez por teléfono a Junior. Me atendió una señora, con una voz muy agradable y atenta. La ansiedad que sentí en ese momento es únicamente comparada a esos exámenes finales de secundaria, que, a pocas horas de comenzar el verano, nos podían dejar estudiando todos los días, o dejando disfrutar de los amigos, la playa y la familia... Apenas siento una voz de hombre, escuché su voz.

–Sí, ¿qué tal, querido? Decime...

–Soy Maxi, vengo de Mar del Plata para continuar con mis estudios de batería y quería saber si estaba disponible.

–Sí, querido, el martes 13 puedo a las 14, ¿te queda bien?

Hice una pausa y pensé: "Es martes 13, ¿será una buena fecha?".

–Sí, me queda bien, estoy ahí en esa hora.

–Bueno, te espero...

–Gracias, un saludo.

Antes de ir, recuerdo que Tomás me había pasado algunos tips como para adelantar ciertas cosas, y las practiqué en todo momento. Llegó el martes 13, fecha de mal augurio para algunos, fecha indeseable para empezar emprendimientos nuevos, y me dirigí camino a su casa.

Llegué al lugar y, antes de tocar el timbre, hice un cierto ritual: prendí un cigarrillo, puse en mi reproductor de música el tema "Rock and Roll Star", de Oasis, e hice una oración al más allá, como para motivarme a ingresar con actitud. Siempre hubo como una conciencia colectiva en todos aquellos que no lo conocíamos, lo cual nos generaba como una sensación de gurú, de ícono, de sabio y de glorioso. Obviamente, él no sabía que lo generaba, o si lo presentía, jamás nos hubiéramos enterado por su grado de humildad. Cada vez que escuchaba a alguien hablar de Junior, me transmitía eso. Hablaban con un esplendor tal que lo transformaban en un ser sublime. Pueden llegar a pensar que estoy exagerando con lo que digo, pero créanme que no, más adelante lo comprenderán.

Me comí un chicle de menta para disimular el aliento a cigarrillo y toqué el timbre. Me atendió la misma voz dulce y atenta de aquella vez, y me hizo pasar desde el portero.

Bajé un poco nervioso del ascensor y, en ese instante, conocí por primera vez la casa de Junior.

PRIMERA CLASE

Al ingresar sentí una gran armonía. El aroma cálido recorría cada rincón del hogar. Los retratos de distintas épocas colmadas de vida, vinilos en cantidades exorbitantes apilados en una mesa y en el sofá. Había un placard que rebalsaba de discos y a unos pocos metros más adelante se asomaba su estudio...

Mientras me acercaba, el ángulo se hacia cada vez más corto y el ritmo del corazón se me apresuraba a semifusas, apareciendo la figura de Junior como si fuera la de un Buda...

Atravesé el ángulo por completo y entré en la siguiente escena. Estaba sentado en una silla tipo mecedora, con toda su impronta, y no les voy a mentir. Seguramente por mi arrogancia de chico post-adolescente con seudo sombrero de Napoleón, lo primero que pensé al verlo, fue "¿Él es Junior? No tiene menos de 60 años... ¿Y enseña desde una silla mecedora? ¿Que podrá enseñarme este hombre? ¿Me habré confundido de timbre? ¿Dónde estoy?". Me miró muy tranquilamente y me invitó a pasar:

–Pasá, querido, pasá tranquilo...

Había una batería de práctica bastante armada, dos tambores enfrentados y una silla vacía. Ingresé, lo saludé y me senté...

Mirándome de reojo, como con cierto misterio, comenzó a preguntarme:

–¿Cómo estás, querido?

–¿Cómo fue el viaje?

–Bien, el viaje se me hizo largo..., pero bien, contento.

–¿Qué edad tenés?

–Tengo 21.

–Ajá. Así que vos querés ser baterista...

Entre cierta incertidumbre, me cuestioné por qué no me realizó la famosa pregunta de hace cuánto tocaba la batería o qué música escuchaba.

–Sí.

–Ah. Acá vienen muchos chicos como vos, de tu edad, queriendo ser bateristas, y piensan que ser baterista es una papa. Quieren ser como algún baterista famoso de MTV o de alguna banda de acá.

–¿Vos como quién querés ser?

Mi sorpresa se había puesto en marcha y, antes de decirle como quién quería tocar, continuó:

–Muchos vienen queriendo tocar como mengano o como fulano. ¿Y vos como quién querés tocar? Si me decís algo parecido, te digo desde ya, no vengas más... La mediocridad no es mi palo, agarrás tus cosas y te vas...

Lo primero que pensé fue... “Si le digo que quiero tocar como alguno, quizás no le agrade y me mande sin ni siquiera agarrar los palos. Pero si le contesto por lo menos uno, quizás vea un signo de valor”. Antes de que le contestara, me dijo:

–¿Con qué profesor estudiaste?

–Estudié como con cuatro.

–¿Por qué estudiaste con tantos?

–Porque con el tema del colegio y otras actividades no podía continuar mucho tiempo con cada uno. El último se fue de viaje.

–Ah. ¿Y qué aprendiste?

–La subdivisión binaria y ternaria, lectura de figuras, abrir el set de batería hacia los cuerpos y platos, independencia de bossa nova, independencia en el jazz, lectura a primera vista, estilos como el funk, *Charly Wilconson 3*...

–Ah. ¿Y para qué mierrrda te dieron el *Charley Wilconson 3* si ese libro es para marching bands americanas?

–¿Aprendiste jazz?

–¿Alguna vez tocaste jazz?

–No, solo lo estudié...

–A ver... Agarrá los palos...

Recuerdo que, cuando agarré los palos, sentía un montón de sensaciones que me hacían ver como el hombre más vulnerable del mundo. Una vez que los agarré, continuó:

–¿Así se agarran los palos?

–Así los agarré siempre...

–No, no, no... ¿Cómo se agarran los palos?

–¿No es así?

–No, pibe, así no se agarran los palos... ¿No sabés cómo se agarran los palos?

Intenté probar como los agarraba él, y cuando los subí a noventa grados me temblaba todo... No solo porque me sentía un imbécil, sino porque la postura que él tenía, la verdadera postura, yo no podía hacerla...

–Así se agarran los palos. Es el grip americano. A vos te vieron la cara...

–Como los agarro yo, ¿no es correcto también?

–No, no es la manera francesa, alemana ni americana. Tenés la mano izquierda más baja que la derecha, la distancia de la parte inferior del palo no forma 45 grados con la palma, tu brazo derecho está más arriba que el izquierdo y tu grip está abierto... A ver, hacé uno y uno empezando con la mano izquierda.

(Uno y uno es hacer un golpe con cada mano, de derecha a izquierda o viceversa).

Al hacerle apenas dos golpes con cada una de las manos, continuó:

–Pará... Eso está como el orrrrto. ¿Así es tu uno y uno? ¿Para qué mierrrrrda tuviste tantos profesores si ni siquiera sabés cómo agarrar un palillo? ¿No sabés hacer un uno y uno? Sentante en la batería, por favor...

Me senté en la batería y ya me temblaba todo, las manos, las piernas, el tono de voz, la mente...

–A ver... vos que estudiaste jazz, léeme esta página de este libro...

Cuando comencé a leerla, sonó algo más o menos así: "Pim pim pam, pum tiiirin tiiirin pim pam tirin tirn".

–¿Vos tocás la batería así?

–E irónicamente pronunció: "Pim pim pam, pum pim pam tirin tirn"

–¿O tocás así?

–Y con firmeza esta vez pronunció: "PUM PAM, PUM TUM PAM, TUM TURUM PAM, TACA TACA TACA PUM!"

–Vení, pibe, sentante...

–¿Tu primera clase sabés cuál es? Cómo agarrar los palos. ¿Tenés dos monedas de 10 centavos? Agarralas, haceme el favor. Dibujá dos circunferencias en tu parche y a noventa grados como te enseñé, empezá a hacer uno y uno. Los dos palos tienen que pegar en cada circunferencia y volver a los noventa grados. Nos vemos la clase que viene.

Recuerdo que agarré mis palos, mi mochila, lo saludé y partí con una calentura...

Una vez que salí de la casa me dije: "Nunca más vuelvo a esta casa miserable, a tocar lo que me dice este tipo. ¿Quién se piensa que es? Se cree el súper batero, si ni siquiera me escuchó, se la pasó hablando solo... No vuelvo nunca más, ese viejo está loco, no sabe nada... Junté tanta plata al pedo".

Me fui con una terrible patada al ego, a la conciencia, a mi conocimiento de aquel entonces. Una vez que llegué a lo de Facundo me preguntó:

–Y, ¿cómo te fue?

–Me fue re mal, este tipo no sabe nada, ¡quién se cree que es!?, nunca más vuelvo. Me dijo que no sé agarrar los palos, que no tengo postura, que me vieron la cara, que no sabía nada. Ese hombre está desquiciado, está loco y encima le pagué la clase. ¿Qué hice mal para caer con éste tipo? ¡Cómo me confundí! Mañana estoy pegando la vuelta.

Recuerdo que pasé algunas horas meditando esa misma clase, hasta que me dije: "Este tipo no se va a salir con la suya... Voy a ir la clase que viene y le voy a cerrar la boca". Y por otro lado pensé... "Si hizo a tantos grandes bateristas, ¿Por qué lo que me enseñó en mi primera clase podía ser tan distinto a lo que les enseñó a ellos? ¿Acaso tan mal agarro los palos? ¿Acaso no aprendí nada todos estos años? ¿Acaso me vieron la cara? ¿Los grandes bateristas que formó en Argentina siempre supieron cómo agarrar bien los palos? ¡Qué martes trece! No puedo ser tan blando".

Me pasé toda la semana agarrando los palos a noventa grados, tratando de usar la mano izquierda igual que la derecha, golpeando esos dos malditos círculos hechos con monedas de diez centavos y tratando de que todo saliera bien.

SEGUNDA CLASE

Llegó la siguiente clase. No puse ningún tema en mi reproductor, no comí ningún chicle, ni hice ninguna oración. Fui directo a darle el ejercicio que me había pedido y a taparle la boca. Toqué el timbre y subí.

Me miró en el mismo ángulo y comenzamos.

–Hola, querido, ¿cómo estás? Pasá, sentate. ¿Todo bien?

–Todo bien, Junior.

–Bueno, me alegro. ¿Hiciste algo de lo que vimos la clase pasada?

–Sí, hice todo lo que me dijo.

–Bueno, ¿a ver?

Puse los palos perpendicularmente al parche, los agarré con el grip cerrado y los levanté. Ni bien los levanté...

–Otra vez como el orrrrto... La mano izquierda sigue más baja que la derecha, la distancia de la punta del palo inferior sigue más cerrada que desde costumbre... Con los brazos estás haciendo una figura egipcia. ¿Estudiaste o no estudiaste? Empezá a hacer uno y uno.

Y comencé.

–No, no, no... Con la mano izquierda te pedí que empezaras.

Hice un golpe con la mano izquierda, otro con la mano derecha, hice un par más hasta que...

–Pará, pará, pará... Ya te dije que acá vienen muchos pibes como vos, que toman una clase y luego vienen sin el ejercicio hecho. Te digo desde el vamos que si vos pensás perder el tiempo conmigo, no vengas más. Agarrá tu dinero, andate a un cyber, a comprarte un helado, andate de viaje, pero acá no vengas más, ¿ok?. Volvé la semana que viene y traeme hecho el ejercicio como te pedí. Cerrá el agarre con la mano izquierda igual que la derecha, el palo tiene que volver a noventa grados como un péndulo y tienen que sonar igual; si no, no pierdas tu tiempo, ni vengas.

No habían pasado ni cinco minutos desde que ingresé a su sala hasta que me había ido.

Tenía muchas sensaciones encontradas. Pasaban desde la bronca y la decepción del viaje hasta el enojo y la frustración conmigo mismo. A la vez, comprendía que todavía estaba vivo y esa era una buena señal. Comenzó a florarme en el fondo de mi pensamiento que Junior estaba poniéndome a prueba para saber si mi verdadero interés era realmente aprender batería de forma profesional o si solo iba a ir para hacerle perder el tiempo.

Comprendí que su compromiso con el alumno era real, sustancial, y no le hacía nada perder a uno más de tantos. Buscaba que yo me comprometiera de verdad y, al no conocerme, estaba midiéndome. Ahí transformé todos esos sentimientos encontrados en motivación y en entusiasmo.

Tenía muchas clases y aprendizajes por delante, y mi ego, mi pulso y mi autoestima renacieron otra vez, pero ya con otra actitud, no como la de un adolescente. Una vez que comencé a agarrar bien los palos, a golpear parejo el parche, a entender cómo funcionaba la motricidad del cuerpo para con el instrumento, como lo llamaba él, empezaron a suceder una cantidad de situaciones increíbles que me hicieron aprender y superarme en un sinfín de cosas.

¿CUÁL ES TU INSTRUMENTO?

Recuerdo un día, un día fuera de lo común, un día de clases con Junior, que resultó ser un quiebre en mi manera de ver al instrumento, la música, de ver la realidad del potencial que uno tiene guardado, de ver en realidad cómo uno puede traspasar su propio ser, su propio enemigo, que es ni más ni menos uno mismo.

Recuerdo que ingresé a su casa, como tantas otras veces, y al ingresar a su sala, vi una tremenda batería, impecable y grandiosa por donde se la mirara. Era un monumento, una nave al estilo drone militar, una civilización nueva encontrada en el océano Índico, bueno, me entenderán: una batería fuera de lo normal, increíble. Me senté y comencé a darle la clase que me había encargado. Antes de terminarla, me miró y me preguntó de reojo.

–Pibe, ¿Cuál es tu instrumento?.

Pensé en seguida en todas las cosas que tenía en mi set armado y le respondí:

–Tengo una batería "tal", con soportes "tal", uso un pedal "así", con platos de "ésta" marca y estos accesorios.

Me miró muy desanimadamente y me volvió a preguntar:

–Pibe, ¿Cuál es tu instrumento?

Pensé: "Le respondí todo el instrumento completo que tengo... ¿Sabrá verdaderamente qué cosas uso? ¿Habré cambiado algo que él supiera y que ahora me esté olvidando de decir? Pero si nunca vio la batería que tengo". Entonces le volví a responder:

–Junior, tengo una batería "tal", con soportes "tal", uso un pedal "así", con platos de "ésta" marca y accesorios.

Me miró firmemente, hizo una larga pausa silenciosa, bajó su mirada y me volvió a preguntar:

–A esta altura, ¿No sabés cuál es tu instrumento?

Entre incertidumbre y en estado dubitativo, preferí continuar con su pausa silenciosa. Levantó su mano, extendió su dedo índice hasta mi sien izquierda y, mirándome a los ojos, continuó:

–¿Sabés cuál es? Tu instrumento es tu cabeza. No es una marca, no es una batería, no es un platillo, no es un estilo, no es una moda, no son unos cuantos tambores acomodados. Tu instrumento es tu cerebro. Tenés que llegar a sonar en una batería de mierrrrda, a un 70 por ciento de lo que vos tocás, de lo que tenés para transmitir, de lo que podés hacer. Y en una batería de primer nivel, tenés que llegar a tocar, a sonar y a transmitir a un 100 por ciento, o sea todo lo que podes dar. "Vos no sos tu instrumento, tu instrumento sos vos, tu cabeza". Lo que podés hacer con él, lo podés hacer en cualquier batería. No hay ninguna clave en los tambores ni en los platillos, sino en vos. En consecuencia, si no lo preparás, vas a tocar como el orrrto con cualquier cosa. ¿Se entendió?

»Esta batería nueva que ves me la trajeron ayer. Quieren que la pruebe y la testee. Quieren ser endorser mío, y la verdad es que no me interesa. Antes, las compañías de baterías te regalaban el instrumento y te pagaban un plus de dinero por promocionarlos. Hoy, las marcas quieren ser tu endorser y no te regalan una mierrrda. Además, quieren que les pagues la batería al costo de fábrica, ¿podés creer? El talento cada vez vale menos, y en consecuencia, ellos piensan que vos vas a arrodillarte con tal de continuar con una marca con la cual alardear. ¿Sabés una cosa? Que se la metan en el orrrto. Mi dignidad y mi talento valen mucho, como también lo vale el tuyo, porque como vos estás ahora, yo me la pasé horas y horas sentado estudiando. Antes que me auspicie alguien que no valora mi talento ni mi sacrificio, me compro la batería que se me cante. Volvé la clase que viene, pibe, es todo por hoy.

Recuerdo ese momento como nunca. Se me abrió un abanico de seguridades que me colmaron. Me acababa de decir que no me valiera por nada más que por mi talento y mi persona. El talento no se regala, el talento se ejercita y se hace valer.

Al recordar la pregunta de cuál era mi instrumento, me di cuenta que terminó siendo una pregunta magnífica, que con mi corta visión no llegaba a responder. Una pregunta que solo un sabio podía preguntar, una respuesta que solo un Maestro podía hacerte llegar. Seguramente, desde mi cara de asombro al ver su batería nueva, encontró la manera justa de volverme a poner los pies en tierra y continuar en pista. Con el tiempo, su enseñanza traspasó el ámbito musical. Fue una enseñanza de vida. La dignidad y el talento no se negocian. Debía seguir ejercitándolos.

¿TENÉS SWING?

Recuerdo que, por muchos días, mi vida en Buenos Aires se había vuelto alienada por un montón de rutinas. Para ese momento, estaba trabajando de otra cosa que no era de músico, me desesperaba no ver el mar cada vez que salía al balcón del departamento o cuando caminaba por plaza Francia. Extrañaba a mi familia, extrañaba a mis amigos, a mi gente, los shows, las noches con aroma a brisa, extrañaba mi lugar. Me sentía muy distante de aquel chico que había tomado el colectivo antes de venir a Buenos Aires. Sentía que cada vez sabía menos y que cada vez más mi espíritu se apagaba. Todas las personas que alguna vez sacrificaron su lugar de pertenencia y su gente por una meta que los hicieran mejor ser creo que han padecido ese gran sentimiento de distancia y desolación que en ese momento sentía yo.

Era martes, tenía clases con Junior y emprendí nuevamente mi caminata.

Al ingresar a la casa, pasé a la sala y comencé una nueva clase. Junior me miró, no dijo ninguna palabra, esperó a que me sentara y comenzó a mirar hacia arriba, a mirar hacia abajo y luego terminó mirándome a mí…

–Pibe, ¿todo bien?

–Sí, Junior, todo bien.

–¿Cómo fue la semana?

–Bien, nada fuera de lo normal.

–¿Cómo te fue con los ejercicios?

–Bien, pero bueno, usted sabrá qué cosas tendré que mejorar...

–¿Vos... tenés swing?

Una vez más mi cerebro comenzó a recalcular, como tantas anteriores veces, sin saber qué responderle. Era una pregunta cerrada, era "sí" o "no". Terminé respondiéndole de una manera obsoleta, como me sentía aquel día:

–Creo que sí, creo creer que sí...

–Vos sabés que muchos que han venido a tomar clases conmigo no han durado más de una sola clase. Muchos que no han tomado ni siquiera una sola clase han hablado de mí como si supieran quién soy. Muchos de ellos dicen que yo solo doy gimnasia de la batería, que solo doy técnica, que no doy estilos de música, que no enseño swing, que solo acepto al alumno si quiere ser profesional y que, si se toman la música, la batería, como un hobby, yo no les doy cabida... Pero la verdad es que muy poco me importa lo que digan. Yo no tengo la posta de la enseñanza, pero sí tengo una manera de verla, y sé que, por la manera en cómo me juzgan, esas personas no tienen nada de swing...

"¿Sabés una cosa? El swing no se enseña, el swing no se practica, "con swing se nace o no se nace". Están esos tipos que se compran toda la pilcha y, por más que la ropa sea de la mejor marca, les queda como el orrrrto. Y tenés esos tipos que se ponen cualquier cosa, y cuando los ves, les queda realmente excelente. Caminan erguidos, lucen bien cualquier cosa que tengan puesto, les queda bien cualquier perfume, cualquier auto, cualquier trabajo, cualquier vida, cualquier mujer... Y para las mujeres es igual. Hay mujeres que se gastan toda una vida en ropa y perfumes, y nada les queda bien. Y tenés esas mujeres que se pongan lo que se pongan lucen increíbles, bellísimas, hermosas. ¿Sabés por qué? Porque tienen swing, y nada saben de música... El groove es un cerco parejo y lineal que nada tiene que ver con el swing. Porque el groove se puede estudiar y practicar, pero el swing no... , con swing se come, se habla, se va al supermercado, con swing se usa la pilcha, con swing se hace el amor, con swing se tiene amigos, con swing se arma una familia, con swing se viaja, se estudia, se crece, se crea, con swing se nace, se vive, se respira, y se muere... Yo quiero que vos no tengas limitaciones y por eso soy tan rommmpe bolas. Por eso te remarco cada detalle del orrrrrto, para que no llegues a tenerlas y para que puedas tocar todo el swing que tenés dentro. ¿Estamos?.

Me había quedado tildado. Procesé por microsegundos lo que me decía. El swing no se queda solamente en el mundo del jazz. El swing se respira y se expande. Lo podemos encontrar desde en una flor soportando el duro clima de otoño como en una comida casera de la vieja, en un percusionista disfrutando de tocar con tarros de pintura sobre el asfalto como en tu propio Maestro dándote una brillante clase. Arturo y Tomás tenían las mismas enseñanzas que me había dicho hacía un instante Junior. Ambos son personas fuera de lo común, con una energía, con una vibra, con una grandeza, con un espíritu y una fuerza que no se encuentran en ningún lugar, como Junior... Habían estudiado un tiempo con él, como lo habían hecho los que se animaron. Se habían venido también de Mar del Plata y habían pasado lo mismo que yo.

Comprobé en ese mismo instante que las personas que habían compartido momentos o una vida entera con Junior han tenido algo mágico, mucho más supremo, algo más eterno y más verdadero que solo querer tocar la batería de manera profesional. Tenían una manera de vivir y de ser fuera de lo común, con mucho amor, con mucha grandeza, mucho respeto y humildad, y por sobre todas las cosas, con mucho swing, como lo tenía Junior.

Le sonreí, le di el ejercicio que me había dado y partí feliz a mi hogar.

¿CUÁNTAS PALABRAS SABÉS?

Recuerdo las enseñanzas de Junior con tanta claridad, con tanta profundidad que si me preguntaran cuándo fue que lo vi por última vez, les diría que lo he visto todos los días.

Sus charlas y sus enseñanzas recorrieron cada momento de mi vida personal y profesional. Cada obstáculo y cada oportunidad que se me presentaban eran momentos ideales para recordar qué me diría él ante los hechos. Tenía una manera de ponerte en estado de vulnerabilidad y de hacerte superar fuera de lo común, con el único fin de que pudieras verte a vos mismo en ese estado y superarte... Sus palabras siempre han sido honestas, verdaderas y fuertes, para poder anclar dentro de sus discípulos su mayor razón de ser: la de transmitir el conocimiento y la verdad.

Era otro martes de esos y tenía nuevamente clases con Junior. –Hola, querido, buen día, pasá...

–Permiso, Junior, hola, ¿Cómo está?

–Bien, querido, bien... ¿Estudiaste alguna vez otro instrumento que no fuera batería?

–Sí, guitarra criolla.

–¿Aprendiste lo que es el solfeo, a reconocer intervalos y dictados?

–Sí, ¿Por?

–Te pregunto, ¿Cuál es el significado de "música"?

–Música es el arte de combinar los sonidos.

–No, esa es una definición vieja...

–Mmm, otra que recuerde no sé.

–¿Los Dj que tocan con sus bandejas hacen música?

–Mmmm, me parece que no.

–Acaso cuando un Dj frasea sonidos y ritmos, ¿a vos no se te mueve nada? O cuando escuchás a un baterista frasear de una manera religiosa, ¿No se te eriza la piel y te hace sentir bien? ¿Lo que escuchás no es música? Con la modernidad se dieron un montón de situaciones nuevas que algunos de la vieja escuela no han sabido interpretar. Y la palabra "sonido" no hace referencia a una nota musical, a algo melodioso que tiene altura dentro de las escalas, sino que hace referencia a un sonido, a algo que suena y que está bien combinado, sin necesariamente estar dentro de una escala con alturas. Eso dice la definición, y muchos ortodoxos del ámbito académico y tantos otros ignorantes del orrrrto, que nunca estudiaron nada, no lo interpretan más que como una equivocación y como una atrocidad, sintiéndose como jueces y únicos dueños de la verdad de la música.

La música es un lenguaje universal, querido, no pertenece a nadie. La música es el arte de frasear sonidos, de combinar sonidos, como gustes, pero recordá bien la explicación correcta.

Suponé que viajás a un país que tiene una lengua totalmente distinta al castellano. Llegás sin saber nada del idioma, ¿cuánto tiempo pensás que tardarías en aprender lo elemental? Primero, vas a decir y a gesticular lo que te salga. A los días, ya vas a saber cómo decir "gracias", "hasta luego", "permiso", "por favor", sabrás cómo pedir un café en una confitería, cómo pedir la comida que querés comer. ¿Y cuánto tiempo pensás que podrías vivir así? Si tuvieras que ir a una entrevista de trabajo, ¿cómo te harías entender para que te dieran el puesto? ¿Cómo armarías el currículum si lo único que sabés es "gracias", "hola" y "chau"? ¿Y si quisieras dar una exposición a un policía por algo que te ocurriera? ¿Cuántas palabras sabrías hasta ese entonces? ¿20? ¿35? ¿50? Estarías al horrrrrno...

¿Qué sería más conveniente hacer? En consecuencia, lo más conveniente sería estudiar la gramática del idioma del país en el que estás, las conjunciones, el armado de las oraciones, el vocabulario, cómo se escribe el idioma. O sea, estudiarías su lenguaje para poder hablar bien su lengua.

La música es igual. Cuantos más libros estudies y asimiles, cuantos más discos escuches y más estilos conozcas, más "palabras" vas a tener para frasear, para combinar. Por ejemplo, Vinnie Colahiuta (baterista internacional de excelencia), ¿cuántas palabras pensás que puede llegar a saber? –Haciendo referencia a "palabras" como elementos de la música combinados dentro del lenguaje musical–. ¿Unas 7 mil palabras sabrá?¿Dennis Chambers (otro baterista de excelencia mundial) cuántas sabrá? ¿6.800? ¿Vinnie Colahiuta sería como un Shakespeare, ponele? Y Dennis Chambers como un Max Weber. Ojo, los libros y todo lo que estudies, luego va de la mano con la experiencia, con el fogueo de tocar con otros músicos en distintas situaciones ¿Y vos? ¿Cuántas palabras sabés?

En ese momento tenía el cerebro dándome mil vueltas a microsegundos. Volvió a patearme el tablero una vez más de una manera verdaderamente brillante... Junior era una persona que motivaba constantemente el estudio del instrumento, la constante actualización de información y el no cese de investigación. Siempre estaba actualizado.

Me puse a pensar cuántas palabras sabía, y la verdad es que no supe cuántas. Lo que sí sabía era que, para alcanzar a tener todas las palabras que sabían esos grandes, me quedaban todavía muchos libros por leer, discos por escuchar y terrenos que patear.

DON NO ES VOCACIÓN

Las clases con Junior habían pasado de ser algo que no quería que llegara nunca a ser algo que quería tener todos los días. Como dice mi amigo Tomás, "sin obsesión, hay cosas que no pueden llegar a lograrse".

Recuerdo que llevaba mis palos a todos lados, al trabajo de ese entonces, cuando salía a caminar, en el colectivo, en el subte, en las esperas de alguna guardia médica, de viaje al sur a visitar a mis abuelos, antes de dormirme, mientras cocinaba, al baño, a la playa, a todos lados. Tenía ejercicios que no hacía falta que estuviera frente a una batería para practicarlos, y aun así, cuando no los tenía, los llevaba igual a todas partes. Se podría decir que utilizaba la mayor parte de mi tiempo pensando y tratando de llegar a ser un mejor baterista cada día, y para ello, utilizaba la mayor parte de mi tiempo tocando en cualquier lugar, en un mármol, en el aire, en el agua y donde sea. Muchos que me veían en las calles pensarían "Mirá qué cool, a este pibe le gusta mucho lo que hace", y otros seguramente pensarían "Este pibe tiene un problema terrible, mejor tenerlo lejos que cerca".

Día martes sagrado, como todos esos martes, y otra vez ingresaba a clases.

–Buen día, Junior.

–Buen día, pibe. ¿Mucho tránsito?

–Muy poco. ¿Llego algo tarde?

–No, para nada, solo que desde acá se escuchan unos terribles bocinazos y pensé que estaba todo congestionado. Decime una cosa. ¿Tus viejos a qué se dedican?

–Mi viejo tiene una pyme y mi madre tiene...

–Ok, listo, no me cuentes más...

–Siempre me apoyaron en la música, siempre me apoyaron en todo. Nunca me faltó nada, la verdad, pero cuando terminé el colegio no quisieron saber nada de que siguiera una carrera como la de músico, tuvieron mucha resistencia.

–Ah. ¿Y ahora?

–Cuando empecé a lograr algunas cosas se dieron cuenta de que no apoyándome cometían un error terrible y comenzaron a hacerlo. Igual siempre tuvieron palabras como "Pensá en un plan B, fijate que hay carreras cortas, si no tenés un título, no sos nadie", pero siempre lo tomé como que querían cuidarme y que deseaban lo mejor para mí. Cuanto más me lo remarcaban, más practicaba y más tocaba. Era como un mecanismo de defensa, pero que me apasionaba.

–Yo, cuando tenía tu edad, me las tenía que arreglar como podía. No había palos hickory (la mejor madera para palillos de batería), no había una mierrrrrda, y los palos que conseguíamos salían muy caros. ¿Sabés qué hacía? Me las ingeniaba para conseguir palos de baseball, que estaban hechos de madera hickory. Los llevaba a una carpintería que tenía unas moldeadoras y me hacía mis propios palos de hickory. La data que existe hoy y los libros que se pueden conseguir antes era imposible conseguirlos. ¿Sabés qué hacíamos? Invitábamos a tocar a bateristas de USA a Buenos Aires, los hospedábamos en nuestras casas, los llevábamos a comer a los mejores restaurantes, los llevábamos a los mejores clubes nocturnos y, de paso, aprendíamos de ellos lo que acá todavía no llegaba. Les preguntábamos "¿Cómo hacés esto? ¿Cómo haces aquello?", y ellos nos pasaban su data.

»Con tu edad, estaba tocando con María Elena Walsh, con artistas de jazz y con mucha gente más. Nos la pasábamos horas estudiando, y además, tocando con la mayoría de los músicos que podíamos, en todo lugar que hubiese.

Una cosa es tener un don. Vos podés empezar a tocar de oído, pero tu don nunca va a desarrollarse como debe, y para desarrollarlo es necesario estudiar, creo que eso está bastante claro a esta altura, ¿no? Luego, poder usarlo y llevarlo a la práctica cotidiana es algo totalmente distinto. Para llegar a eso hay que tener vocación y poder hacerla perdurar en el tiempo. La vocación la podes ver en muchas personas. Ves personas que tienen vocación para viajar, para hacer un tipo de trabajo, para levantarse temprano a ayudar a los abuelos, tienen vocación para curar a la gente, para jugar al fútbol, tienen vocación para enseñar en los colegios, tienen vocación para lo que sea. Se preparan o lo estudian y lo hacen. Ahora, tener un don es algo totalmente distinto, porque es una singularidad que hace a las personas llegar a lograr cosas únicas. Así como hay personas que tienen un don para cocinar muy bien, hay otras tantas que tienen la vocación de ser cocineros, pero nunca sintieron ese don especial que los haga sentirse realmente cocineros. Solo lo toman como una mera vocación de cocinar, ganar dinero y llevar a cabo su don especial en su tiempo libre, que quizás sea escribir poesía.

»Muy pocos músicos que empiezan en el camino de la música perduran en el tiempo, algunos por los vicios, por la falta de oportunidades; otros, por la falta de disciplina y huevos. Ojo, tienen un don brillante, pero no resultan triunfantes en poder hacer de su don una vocación. Mucho ayuda tener a los viejos que ejerzan ese don como vocación porque te ayuda a tener el piso. A veces resulta que los hijos tienen su vocación totalmente distinta a la de ellos, y explotan muy bien su don. Mi hijo es un camarógrafo de la hostia. Estamos mirando la tele y me dice: "Pa, la cámara que está utilizando el camarógrafo es tal, el lente que usa es "este" y el efecto que está utilizando "es este otro". Es un tipazo y un profesional de la puta madre... Mi mujer, Graciela, siempre ha tenido el don y la vocación de la familia. Ha sido una madre y una esposa excepcional. Muy pocos que he conocido pueden decir que están agradecidos de tener una esposa como Graciela, muy pocos. Tuve mucha suerte, querido, mucha.

Mi cara quedó pasmada por varios segundos. Me fui de la clase con más firmezas que dudas. Junior acababa de hacerme pensar una vez más, desde el lado del corazón y de la verdad.

UNA HERMOSA CLASE

Después de unos meses de parar en la casa de Facundo, me mudé a un departamento a muy pocas cuadras de lo de Junior, prácticamente a tres. En algunas ocasiones, colegas míos de Mar del Plata hacían sus viajes para estudiar con profesores de Buenos Aires y paraban uno o dos días en casa, pero muy rara vez por los cortos tiempos hasta volver a sus rutinas. Era algo muy gratificante para mí, porque podía darles una mano a aquellos que venían en busca de lo mismo que yo, y eso generaba realmente lindos momentos.

La confianza y el conocimiento que fui adquiriendo de Junior eran como una alarma en mi interior. Lo que venía invirtiendo en distintos planos hacía llegar su recompensa. Y también me di cuenta de algo más, de que yo no estaba estudiando con un profesor, sino que estaba estudiando con un verdadero Maestro.

Llegó un momento en el que empecé a sentir que todo el sacrificio de tiempo, corazón, distancia, dinero y vida que venía haciendo comenzaban a darme satisfacciones por encima de todo. Comencé a pensar qué hubiera sido de mí si nunca hubiera viajado.

Cada vez que me sentaba en una batería a tocar, se producían un montón de cosas tremendas. Me sentía contento, con aire liviano, feliz, orgulloso de todo el esfuerzo, tocaba despacio y bajo, rápido y furioso, pesado, suave, sonórico, relajado, con alegría, me sentía seguro de mí con el instrumento, me sentía pleno.

Eran las 13.00 y arranqué para lo de Junior.

–Querido, pasá. ¿Cómo estás?

–Bien, Junior, contento.

–¿Algo en particular?

–Vinieron unos conocidos míos de Mar del Plata a estudiar con unos profesores de acá. Lo vienen haciendo hace tiempo y hace unos días que están parando en casa.

–Ah. ¿Y cómo les va?

–Me dicen que bien, aprendieron cosas, pero hay algo que no me cierra.

–¿Qué cosa?

–Que vienen con muchas preguntas e inseguridades y se van aun peor.

–Entiendo.

–Les dan un rudimento, una base, una pista para tocar, pero nada consistente que los deje satisfechos y los haga superarse.

Ah. ¿Y vos cómo te sentís?

–La verdad es que, últimamente, me empecé a sentir muy bien. Veo que me sirve lo que me enseña y, además, comencé a sentir mucha seguridad y confianza cada vez que me siento en una batería, ya sea para un show en vivo, para una audición, en mis rutinas, para lo que sea. Antes de viajar, sentía mucha expectativa y venía con un montón de cosas como músico no resultas, con muchas preguntas e inseguridades que hoy ya no siento y que veo en mis colegas después de varios viajes. Me hacen recordar a mi anterior yo, al de aquella primera clase con usted.

–Entiendo. Yo, como sabrás, enseño técnica americana para el agarre de los palillos y de ahí todo el resto del instrumento sumado a los estilos. Ahora, vos viajás, por ejemplo, a Brasil, a Uruguay o a algún país vecino con personas originarias, y ves cómo tocan la percusión, como la puta madre. Les ves el agarre del palo y lo agarran totalmente distinto en cualquiera de sus formas. Esos tipos llegan a comunicarse con los dioses aunque no lo creas. Tocan sus instrumentos porque es su manera de comunicarse con ellos. Los ves con los ojos cerrados, tocando, sintiendo, cantando, bailando y es algo realmente hermoso. Ahí te das cuenta que, por más que agarren los palos de una forma u otra, tocan lo que quieren, y además se conectan con los dioses.

Yo, si viajo a tocar a un lugar de esos, aprendo cómo agarran los palos y practico como si fuera uno de ellos, me mimetizo. Pero ¿sabés por qué? Porque me pasé años tratando de tocar lo mejor posible con el agarre americano, que ahora tengo resto y puedo agarrar los palos como se me canta el orrrrto y tocar como quiero.

–Entiendo.

–¿Me das el ejercicio, por favor?

Venía teniendo unos días magníficos, mi confianza y mi seguridad comenzaban a darme buenas señales y encaré el ejercicio que tenía con la misma altura. Comenzó el tiempo del metrónomo (contador de bits por minuto) y comencé.

La postura corporal estaba equilibrada, el agarre de los palos a la perfección, la altura de la mano izquierda a la misma altura que la mano derecha, las piernas a noventa grados entre sí y caídas a unos treinta grados del nivel del asiento, y desde el primer golpe hasta el último fueron tenaces y milimétricos. Una vez que terminé, se generó un gran silencio. Junior miró hacia arriba, hacia abajo, hacia delante, hasta que me miró y finalmente dijo:

–La verdad, querido, hermoso. La altura de las manos ha sido milimétrica, la distancia que hay del palo izquierdo al parche ha sido igual a la del palo derecho, el golpe en las dos circunferencias ha sido muy preciso y el sonido con el volumen de ambas manos ha sido excelente. El golpe fue tenaz. La verdad, fue una clase verdaderamente hermosa. Lograste hacer, en muchísimo menos tiempo, lo que la mayoría llega a hacer en el triple. Ojo, no sos un superdotado, se nota que sos un tipo serio, con compromiso, disciplinado y que respetás y amás mucho lo que haces.

Ojo con esto. La vida tampoco es la batería, porque si solo pasas tu vida en la batería y no vas al cine, o a tomar unas copas con amigos, a comer con los abuelos, a jugar al fútbol, o no experimentás la vida en sí, luego no vas a tener qué expresar a la hora de tocar.

Verdaderamente ha sido una clase hermosa y te doy las gracias, muy pocas veces tengo esta alegría. Ahora podés tutearme y agarrar los palos como se te cante el orrrrto...

Solté una gran carcajada, nos reímos por un hermoso rato y me despedí con un fuerte abrazo.

¿CUÁNDO VAS A SER BATERISTA?

Mis clases continuaron con gran dedicación y entusiasmo, y todo aquello que me había generado frustración e inseguridad se había transformado en seguridad y conocimiento. A partir de esa última clase, la relación de maestro y discípulo se había transformado en algo paternal. Me había ganado el respeto de Junior y eso para mí no tenía precio. Había forjado en mí a una nueva persona que después de tanto trabajo y tiempo sentado, practicando, podía ver lo lleno del vaso.

Habían pasado demasiados martes de clases que, si no hubiera sido por la paciencia y el amor de un Maestro como lo era él, jamás yo hubiera podido progresar y continuar. Me pidió que lo tuteara, que agarrara los palillos ya como yo quisiera y que continuara dándole duro a la batería sin seguir creyéndomela, como me hizo saber aquella primera clase.

Siempre ubicándolo dentro del contexto del respeto, lo tomaba como alguien que me pidió que le agarrara la mano sabiendo que nunca me atrevería a agarrarle el codo, ya que de esos tipos de persona lo habían querido rodear en más de una ocasión, y él los había sabido correr. Intentos de alumnos, músicos del ambiente, docentes, periodistas, algunos medios y hasta políticos.

También, debo destacar que, en los dos años y meses que estudié con él, pasaron por esa sala una gran variedad de personas que lo han querido y lo han cuidado mucho. Junior era un personaje de la escena muy respetado y querido, como así también odiado por pocos. Algunos por envidia, por no tomarse la música en serio, otros por falta de códigos y mucho ego y un par por querer sobrepasar su confianza. Tenía un corazón y un aura que, cuando estabas compartiendo con él, sabías que todo iba a estar bien.

Esa sala tenía algo tan mágico y tan especial que una vez que entrabas todo parecía una leyenda de héroes y castillos, y uno salía con la sensación de haberse transformado en un caballero de armadura pesada, con los pies firmes, el pecho templado y con dos espadas en las manos, que se transformaban en palillos de plata. Los libros eran como manuscritos sagrados donde encontrabas las escrituras que te acercarían al tesoro del conocimiento. Y Junior era como un monje templario, cuando estabas junto a él, el tiempo se paralizaba y recibías su sabiduría como una gran leyenda.

Era otro hermoso martes y me dirigí hacia su casa.

–Buen día, Junior. ¿Cómo estás?

–Hola, Maxi, bien, querido. ¿Vos?

–También muy bien, anoche fui a una jam y me divertí mucho.

–Me alegro. ¿Tocaste para la música?

–Sí, toqué para la música y para mí. Fue una noche distinta.

–Bueno, me alegro!. ¿Qué tocaron?

–Zapamos unos temas funky y un blues que se hizo larguísimo. Subió un pibe trompetista que la rompió.

–¿Había algún pianista?

–No, solo cuerdas y viento.

–¿Y bateristas?

–Sí, había un par más.

–¿Vos eras uno de ellos?

–Sí, Junior, ¿por?

Siempre encontraba el momento indicado para hacer su pregunta poderosa.

–A ver, haceme una base de batería con la voz.

Me dio un poco de vergüenza frasear con la voz, pero hice una base que prácticamente era algo así: "¡Pum tra tra tra trucutaca papa rapaparara tititiriirie yaatapum yata yata trtrtrtrtrtrtrtr pratum yrrra yrraaa shatapum pum prprprptrtrtrtrtatatatactatca piririririri taca pum!".

–Bueno, ahora sentante en la batería y tocalo.

La charla del comienzo ya se había transformado en la clase sin darme cuenta. Esa base que había hecho no la podía tocar, porque si bien no la podía mantener con la memoria, también me era imposible ejecutarla con el instrumento por más que la recordara.

–¿Sabes cuándo vas a hacer un baterista?

–No...

–Un baterista tiene que poder tocar en un lugar de dos por dos para ocho personas sin dejarlas sordas. Debe tocar con sutileza pero firme, bajito pero con amplio rango, con un cálido sonido y con un hermoso swing sin perder el groove. En un lugar donde entren 100 personas tiene que tocar con un volumen medio, con un buen golpe pero no ensordecedor para que la batería logre mezclarse con el resto de los instrumentos, no debe tapar la voz, más que nada para que la gente pueda disfrutar la música en su totalidad. Y también un baterista tiene que tocar con un poder, con un volumen y una firmeza que le permitan llegar a cincuenta mil personas en un estadio como el de River Plate.

Te vas a convertir en un baterista cuando puedas tocar en cualquier lugar que la profesión te pida y, además, cuando llegues a ejecutar con el instrumento lo que puedas frasear con la voz. Eso significaría que el lenguaje que tenés en la cabeza también lo saben tus manos; si no, es como ver a Vinnie Colahuita, cantar lo que él está tocando y luego no poder hacerlo. O tararear una partitura de un standard de jazz y después no poder respetar la duración de las figuras ni la intencionalidad de las melodías con la batería. ¿De qué serviría?.

– Claro, no serviría de nada. Anoche estuve yendo desde el pianísimo al metzoforte y sorprendiendo con el fortísimo y tenías razón, terminás tocando para la música. Hace dos semanas toqué en un club y ahí sí fue a todo volumen, pero anoche no lo ameritaba. La gente disfrutó mucho la música y la energía que se transmitió. Y con lo del fraseo, tenés razón, me falta llenar una parte del vaso todavía.

– Ojo, no mires solo la parte vacía del vaso, tenés que ver el vaso entero. Porque si solo ves lo vacío, vas a caer en la frustración; si ves solo lo lleno, vas a conformarte y a quedarte a mitad de camino. Al vaso hay que verlo por completo, porque recién ahí es cuando se hace posible el desafío de seguir superándote y continuar sin la frustración. Ver solo una de las dos partes del vaso siempre hace al fracaso, acordate.

»Fijate que todo lo que venimos viendo han sido en varias dinámicas, pianísimo, metzoforte y fortísimo. ¿Querés que empecemos con lo que había que hacer hoy?

–¡Dale!

TODO NO TIENE UN FINAL

Después de dos años y algunos meses, hubo un momento en el que sus palabras "si no disfrutas de la vida no vas a tener qué decir a la hora de tocar" resultaron ser claves para poder hacer un stop y procesar todo lo aprendido hasta ese momento. No había sido poco y también ya podía ver lo que faltaba llenar del vaso. Asi que decidí anotarme en la carrera de Sociología a modo de hobby y sin dejar mi actividad como músico inspeccioné en otras áreas de la vida. Luego de hacer el ingreso y saber de qué se trataba, la opción de intercalar un tiempo y un tiempo con las clases de Junior fue la mejor de todas las opciones. Estaba a punto de pasar el piso de tambor al piso de los estilos y para mí era algo fascinante que no podía dejar pasar. Sin embargo, las buenas noticias tardan en llegar y las malas dicen que llegan rápido, y así fué.

Es ilógico pensar que las cosas no tienen un fin y que duran para siempre. Sin embargo, dentro de esa utopía existe una gran verdad, la de poder hacer perdurar en el tiempo cosas que tienen fin transmutandolas en otra cosa que continúa. Si bien no resulta siendo lo mismo, termina resultando partes de eso mismo en diferentes cosas produciendo algo nuevo aunque parecido. El Conocimiento es algo que no tiene un fin, es algo que se podría pensar como un fenómeno que finalmente rompe la regla de la utopía, convirtiéndose en algo abundante e inacabable. Claro está que, la utopía en su afán de arrebatarnos la hermosa idea de que todo podría durar para siempre nos introduce una gran variable, el tiempo...

Buenos, malos, villanos, benévolos, la vida cada día nos depara una gran cantidad de sucesos y transformaciones que nos hacen sentir simples espectadores recurrentes a la ilusión como un mero mecanismo de escape como de alivio. Las clases con Junior dejaron de continuar por una simple razón. El Gordo dejó el plano terrestre en un abrir y cerrar de ojos el día tres de Agosto del dos mil once por un tumor maligno. Había caído nuevamente en una segunda internación y sin arrojar los palillos, se fue a una mejor vida. Teniendo a mis dos padres vivos, fue una sensación irreconocible en la que sabia que había quedado huérfano. No era solo un Maestro, se había convertido en un padrastro tanto para mí como para muchos y la sensación de "y ahora qué" fue una constante en los tiempos que siguieron. Había llegado a decirle que lo quería, que me tenía a tres cuadras para lo que necesitara y que no tenía forma alguna de agradecerle todo lo que había hecho por mí. La única manera que encontré fue la de seguir su Conciencia constantemente en cada golpe, en cada fraseo, en cada tema, en cada escenario. Él era así, una llama encendida constante iluminando todo. Fue un Maestro, un padrastro, una luz, un tipo simple, un tipo con valores, un hombre con los pantalones bien puestos, un hombre que no transaba con nada ni con nadie y por sobre todas las cosas respiraba Swing. Nuevamente, me resisto a pensar que la muerte tiene un significado malo, que tiene un sabor amargo, que simplemente existe para hacernos daño y para eso tengo una gran argumentación. El chico que fuí antes de tocar el timbre en su casa murió en ese timbrazo para luego convertirse en una persona nueva. El conocimiento que tenía antes de entrar a su sala murió una vez que agarré los palos y golpeé los parches de su tambor aprendiendo cómo se golpeaba realmente la batería. La idea de que el swing pertenecía únicamente al mundo del jazz murió luego que Junior me explicara que el swing no es algo exclusivamente de la música, sino que es una sencilla y valiente manera de vivir con Amor. Y el Amor es algo que tampoco tiene un fin, es algo que se auto-irradia cada día intentando romper las capas que lo recubren en cada ser para hacerse notar, para hacerse ver, para hacerse valer. Y si hay algo que Junior me ha dado y nos ha dejado con su partida es ni más ni menos que eso, Amor, Conocimiento y Conciencia. Por eso, el legado de Junior es algo que no tendrá nunca un fín, simplemente seguirá su curso a través del tiempo logrando hacerle frente a la utopía. Por siempre Junior.

CONSIDERACIONES TÉCNICAS Y MUSICALES DE APRENDIZAJE

La universidad de Junior estaba dividida en dos etapas. La primera era la técnica y lectura de tambor, y la segunda, los estilos musicales. "En la batería no se hace otra que cosa que tocar uno y uno, y dos y dos", solía decirme. Una vez pasada la primera etapa ardua de tambor, avanzaba con los estilos.

La ejecución del uno y uno y el dos y dos resultaba llegar a los 96 bpm y con una ejecución óptima, desde pianísimo solo desde grip, metzopiano con dedos sin utilizar la muñeca y, por último, el fortísimo desde las muñecas. Para llegar a la velocidad de 96 bpm y 104 bpm, a la que Junior no paraba de pulirte hasta que lo lograras, se hacía bastante duro.

Me hizo comenzar a la velocidad de 80 bpm, con una altura desde el fortísimo en la cual lo primero que te requería fijar era el golpe exacto en cada figura de negra, desde los noventa grados y regresando al mismo ángulo de noventa. Luego de tener ese golpe preciso y exacto fue que me guió a la subdivisión de semicorcheas, manteniendo la velocidad correcta con la altura de palos pareja y el volumen del sonido igual. La ecuación sería: a mayor velocidad menor altura, pero mismo volumen, precisión y golpe.

Al finalizar, aparecían las fusas con ambas manos y comenzando de izquierda aplicando la misma fórmula. Éste es el famoso ejercicio Endurance, de Gary Chaffee. Se preguntaran cómo hice para llegar con la mano izquierda. Comenzaba quince series consecutivas desde la izquierda y solo cinco desde la derecha como ejemplo. Hacía el triple de veces más con la izquierda en comparación con la mano derecha.

El recurrente error que cometía era que el grip de ambas manos se me corría y de esa forma generaba que los golpes y los volúmenes no fueran los mismos. Siempre finalizaba agarrándolos mucho más arriba de cuando empezaba y eso era motivo para que volviera a repetir el ejercicio desde el principio, tal como era su estilo, y no desde la línea errada.

Los geniales ejercicios con los que Junior logró que pudiera conseguir un grip firme y preciso fueron dos. El primero de ellos fue a través del famoso truco de tocar en un almohadón. Me pasaba horas tocando encima de almohadones fortaleciendo el grip, evitando que el palillo se corriera, que la mano izquierda lograse la misma presencia que la derecha y que la velocidad de las fusas llegara a los primeros 80 bpm.

Cuando agarraba el pad de práctica o el mismo tambor, tenía las manos super ligeras y las fusas comenzaban a tener consistencia. Sería como correr en la arena y luego hacerlo en el asfalto. Claro, después de varios meses de práctica, no fue cuestión de tocar solo un rato el almohadón. El método del almohadón es bastante conocido, pero no por ello bien ejecutado.

En una de las clases, Junior me pidió que hiciera estos ejercicios, pero con los ojos cerrados, y que solo me guiara por el sonido. Era una manera de comprobar si ya tenía la mecanicidad en las manos, con la precisión correcta, lo cual se confirmaba solo al escuchar el sonido del golpe.

El segundo ejercicio que me resultó verdaderamente práctico y sustancial fue el de agarrar el palillo desde la punta solo con el grip del dedo índice y el dedo pulgar, pero en dirección hacia el codo, generando un ángulo de treinta grados hacia cero grados cuando resultaba cerrado. Esta forma me ayudó a fortificar el grip, cada uno de los dedos y a poder practicarlo hasta viajando en un colectivo.

La única crítica constructiva que podría llegar a hacerle a Junior, hablando en mi caso en particular, es que no contaba con un instructivo de elongación apropiado con el cual uno podía acompañar el primer tiempo de estudio duro, en donde uno iba asimilando el cambio de empezar a utilizar la articulación en vez de la musculación.

Las figuras irregulares en el tambor eran otro pilar fundamental en la enseñanza de Junior. Luego de poder dominar bien las tres primeras alturas de pianísimo, metzopiano y fortísimo de uno y uno y dos y dos, comenzaban los ejercicios con distintas figuras rítmicas irregulares, los quintillos, seisillos, septillos, etc. Todo lo que se aplica en el tambor también se lleva a cabo en la batería. Por ejemplo, metzopiano con mano derecha en el ride y en metzoforte con mano izquierda en el tambor. Para tocar jazz, música brasileña como cualquier estilo se necesita el dominio de dinámicas para poder sonar musicalmente y no una bola de golpes fuerte, sin sonido ni swing. Pero bueno, ésto es solo una breve apreciación de los primeros meses de clases que tuve con él en las que la frustración y el abandono terminaron siendo las últimas de las opciones. No se llegaría a resumirse todo el conjunto de cosas que consiguió enseñarme en más de dos años en una simple hoja de libro. Después el tema se pone más ligero y pesado según cómo uno se tome el estudio y el tiempo que le dedique. Junior era un gran acompañador en ese proceso de aprendizaje. El legado de discípulos que tuvo fue tan importante y brillante que tuve la suerte de continuar la segunda fase de estilos con uno de ellos, quien era al entender de Junior uno de los mejores músicos y maestros que formó, dicho por sus propias palabras en más de una clase, el Messi de la batería, ni más ni menos que Diego Alejandro. Sin sacarle mérito a ninguno de los que han estudiado muchísimo con Junior, ya que su legado de profesionales es inmenso y fructífero, pude continuar el segundo piso de los estilos, se podría decir, desde su mismo linaje. En más de una clase aparece algún hermoso recuerdo de El Gordo y es como tenerlo al lado, simplemente observando.

CRONOLOGÍA POR JUNIOR

ÉSTO TIENE QUE VER CON MI CRONOLOGÍA, NO CON MI SABIDURÍA.

A los once años empecé a estudiar piano con el mismo maestro de mi tío y de mi viejo, que era también compadre de mi abuelo, el señor Antonio Daosky.

Tenía un conservatorio de piano en Corrientes y Malabia. Tanto me rompió las bolas mi padre con los exámenes de piano que un día le cerré la tapa y no lo toqué nunca más.

Desde chico hacía ritmos con las cacerolas en el piso y, además, tenía un bombo de mi viejo, que también lo martillaba. Fue después cuando empecé a romper las pelotas con los palitos.

Un día me escuchó que estaba tocando encima de un disco de bossa nova, el primer disco de bossa nova que se grabó en Brasil con una orquesta grande, con Agostino Santos y con la orquesta de Ceferino. Me observó tocar y me preguntó si tenía que hacer algo al día siguiente porque iba a poner un ensayo a las dos de la tarde y quería que fuera con él. Mi viejo estaba escribiendo en ese tiempo un cuadro para un ballet con una orquesta de sesenta músicos, y el baterista, en vez de tocar bossa nova, tocaba clave tres / dos de son. Tenía trece años cuando me llevó. Le dijo a Michelli, el batero de la orquesta de aquel entonces, que me mostrara cómo se agarraban los palos y les hizo poner el cuadro brasileño a toda la orquesta, haciéndome mantener el ritmo que había hecho el día anterior. Arrancó la orquesta, toqué diez compases y me fui al re carajo. Le dijo a su baterista: "¿Viste, pedazo de pelotudo, cómo se toca bossa nova?". Todo lo hizo para mostrarle al baterista cómo yo, tan pendejo, había aprendido el ritmo, y él, tan pelotudo, tan profesional y leyendo música, no lo tocaba. Hubo una gran carcajada de la orquesta, recuerdo.

Un día mi viejo observó que estaba yendo al club cada vez menos, que en inglés me iba como el orto y que en el colegio había empezado a bajar las notas, todo porque me pasaba el día con los palitos y la banqueta. Me llevó a la banqueta y me hizo ver los dos agujeros que le había hecho con los golpes. Había suficientes pruebas de que el piano no era lo mío. Me revisaba los cuadernos; las rodillas, si las tenía percudidas; los talones, a ver si me los había lavado; la ropa, si la tenía rota o planchada. Me dijo que la batería se tocaba en serio y se tocaba por amor a la música. Me recalcó que yo era un Cesari y que los Cesari eran todos profesionales y todos exitosos.

En la familia, había co-fundadores del Teatro Colón, el mejor barítono de la historia de Argentina, el director de dibujos de parques nacionales, un saxofonista exitoso, un cantante lírico, la mejor soprano de los principios del siglo XX; mi viejo, arreglador de Bing Crosby; mi tío Miguel Ángel Cesari, arquitecto en obras de Bustillo –el Llao Llao, el casino, el Banco Nación y tantos otros edificios–, un primo juez de la Nación, otra prima física nuclear; mi primo hermano, abogado de la Aeronáutica. Eran el clan exitoso que nos exigían a los nietos y no teníamos escapatoria. Tenías que ser el mejor, o andar por ahí.

Me dijo que, si seguía así, se me terminaba todo. Si realmente quería tocar la batería, teníamos que buscar un profesor. Así fue que me dijo de empezar con Alberto Alcala.

Alberto era tan amigo de mi familia que cuando nací se tomó un avión desde Buenos Aires hasta Brasil para conocerme y tenerme en brazos. Entré a la cocina un día y estaba mi viejo con él. Tenía trece pirulos. Me dijo que era una honra que quisiera tomar clases con él, pero que no podía en ese momento, tenía ciento un alumnos y no daba clases individuales, sino grupales. Creyó que yo necesitaba tomar clases particulares con alguien de una forma personalizada y ahí fue que se me cayeron las medias. Me recomendó que tomara clases con Luis Varela.

Varela era el tipo más técnico en la Argentina, el que más sabía y era justamente otro baterista de mi viejo. Al mismo tiempo, sabía también que era un gallego cabrón.

Todos los bateristas y maestros hablan hoy del moeller y de toda otra zanata, que Luis Varela ya lo sabía en los cuarenta. Era un capo, un tipo fuera de serie. Desarrolló toda una teorización de lo que era la técnica de EE. UU. acertando, prácticamente, en un noventa por ciento, mucho más acertada que la de la gente que ha ido a estudiar a EE. UU. en el año 2010. Impresionante, un visionario, un vidente. Un tipo que usaba parches de cuero y los plastificaba, había inventado un pedal para tocar en el tom de pie que luego lo fabricó la Camco. Inventó un aparato para ponerle al platillo y que sonara con remaches. Un capo. No sabíamos si me iba a dar clases porque estaba con mil quilombos, pero mi viejo habló con Luis y terminó accediendo. Me mandó a comprar una goma de estudio y un par de palillos, y con catorce años empecé a estudiar Krupa, Budy Rich, Jim Chapin y otras cosas. Pasé ocho meses estudiando hasta que falleció mi viejo. Luego seguí estudiando cuatro años y medio más hasta que Luis se fue a Aruba por problemas políticos en Argentina y luego vino a fallecer acá en el año 1992.

Mi viejo murió a los cincuenta y pico de pirulos, soy hijo único y, por lo tanto, el único sucesor del clan de los Cesari de los músicos, y desde muy chico estuve muy metido en el ambiente musical, tanto en Brasil como en Argentina. Soy brasileño y vine a la Argentina a los siete años.

En el año 64 me hice socio del Sindicato de Músicos, más exacto el día 16 de Junio del 64, siendo pendejo con 18 pirulos. Cuando llegué me abarajaron en la entrada para ver qué quería. Les dije que venía a hacerme socio del sindicato y me dijeron que se rendían los exámenes para ingresar el último viernes de cada mes. Me preguntaron si tenía la planilla para llenar y las dos firmas de socios que se necesitaban. Yo no tenía un carajo y tenía que esperar varios días más hasta ese examen. Me preguntaron qué instrumento tocaba, si quería vivir de la música y con quién tocaba, y cuando les dije que tocaba con Mario Cesari se cayeron de orto. Me preguntaron cómo me llamaba, y apenas les dije Roberto Cesari me preguntó si era el Junior y les dije que sí. Al instante me dijo, "a no", los Cesari no rinden examen! Y empezó a llamar a todos los músicos que estaban en el lugar para que me hicieran las dos firmas. Eran la mayoría músicos conocidos de mi familia, se mataban por firmarme las planillas. Les dije que volvía el ultimo viernes a rendir el examen y me dijeron que me dejara de joder. Ese día me di cuenta que era un portador de apellido. Era maravilloso pero por otro lado qué mochila, cuándo sería por mis propios méritos.

En el interin del viaje de Luis Varela, empecé a estudiar con el Oso Picardi un gran tipo, una gran persona, siempre nos jodíamos mucho. Nunca tuvimos ni un Si ni un No. Nos preguntábamos que hacían nuestras Gracielas, porque ambas esposas se llamaban igual. Nos queremos desde hace muchísimos años. Es el profeta de Moises, un Santo varón y tiene una paz. Yo resulté protestante, metodista pero estoy casado con una católica, creo en algo supremo pero no lo identifico con ninguna institución o pared. Con el Oso he ido a hacer retiros espirituales al monasterio trapense de Azul. Siempre tenia la palabra justa para cuando uno tenia un pesar. Eramos tan amigos que nunca nos pedíamos nada, solo la humanidad era lo que nos unió siempre. Todos sus ex alumnos nos consideramos sus discípulos y siempre nos unió la batería hasta que nos hicimos íntimos amigos. Cada vez que me voy poniendo mas viejo entiendo más su filosofía de despojarse de lo material. Él entendió cómo hay que sacarse de encima lo material para vivir felizmente y libre. La libertad no desde el punto de vista político. Ser endorser de cualquier marca es un agasajo al ego, por un lado te dan pero por otro lado estas asaltado. Su perro tenía cáncer por todos lados y tenía una paz hermosa. Me dijo "Junior, los animales no fijan su cabeza en el cáncer, nosotros cuando tenemos una enfermedad estamos constantemente poniéndole la cabeza". Es un Maestro de maestros, yo le debo tanto. Hay tantas cosas que me enseñó y sin embargo tiene tanta humildad de no adjudicarse nada de lo que hizo por mi. Tiene un amor, un corazón. Su mujer es una artista increíble, no para tampoco. Son gente espectacular, gente buena.

Yo no me considero un profesor de batería, me considero un profesor de música que uso la batería. Creo que el problema de los bateristas es la falta de conceptos musicales. Los maestros que me dieron ese concepto fueron Pichi Mazzei, Horacio Larumbe, Belloto, Juarez, Dino Saluzzi, Ruben Barbieri, Castillo y el viejo Pugliano fue el ultimo. Una vez Pugliano vino a verme a tocar cuando tenía 19 años porque sabía que quería estudiar con él. Cuando me bajé del escenario me dijo que tenía una técnica impresionante, que no me servia para una mierda y que terminé tocando como el culo. Dije "a este enano de mierda lo pongo", pero teníamos un respeto solemne por los maestros y sabíamos que esos tipos tenían mucho para darnos. En la ultima clase me tiró los palos a la mierda y me terminó puteando diciéndome " tocas más que yo, sabes más que yo, no te puedo enseñar más. De ahora en adelante somos amigos, me podes tutear, podes decirme viejo pelotudo lo que quieras pero adelante de mis amigos por favor respetame". Fue tal la conducta que tuve con él, que cuando falleció su familia me donó sus libros, sus platillos y sus cosas. Fue un tipo que no fue conocido, no era jazzista sino un músico sinfónico y de la noche. Me hizo estudiar armonía, contrapunto, composición y me hizo dar el examen en el teatro Colón.

Acá se han dado varios fenómenos socio políticos culturales. Nada es casual y todo es causal, y tiene que ver con lo que pasa alrededor nuestro. Pertenecemos a una sociedad que se mueve de una cierta forma y así sufrimos los factores determinantes de esa forma.

Hubo una época, hasta los sesenta, donde la música que quería escuchar la gente la decidía el mismo público. En consecuencia, todos los músicos eran conocidos porque la gente fundamentalmente bailaba la música de las orquestas típicas, como las de folclore, las clásicas y las que tocaban covers. Tocaban en radios, en bailes en vivo, en fiestas privadas y en clubes. Por eso nacieron las peñas en algún momento.

Con el advenimiento de las industrias discográficas y las corporaciones de la música, con la aparición de los disc-jokeys en reemplazo de las orquestas en las radios, y con los discos que las compañías grabadoras tenían interés de imponer, hicieron que la decisión de qué se escuchara o qué no se escuchara fuera de parte de la industria y no ya del público. Le han cambiado el gusto de una forma muy siniestra, que tuvo que ver con una campaña mundial de transculturización y de imponer nuevas culturas en el mundo. La gente dejó de bailar con las orquestas y, por ende, las orquestas comenzaron a achicarse. Primero pasó en EE. UU., después en Brasil y terminó en Argentina. En Cuba solo sucedió un poco, pero no terminó de realizarse, porque el pueblo cubano sigue eligiendo qué escuchar y qué no con la ayuda del Estado.

Acá, por razones que ya sabemos, el Estado que perteneció a los procesos militares desguazó todo el trabajo y ayudó a que todos estos monopolios y corporaciones se hicieran dueños de la decisión de la gente. Lo único que queda de la música son las milongas de tango y los lugares donde los músicos vamos a exponer nuestras propuestas musicales. Hay muy pocos artistas que pueden trabajar. Normalmente, no graban para compañías, salvo que sean grandes vendedores. Tienen que hacer antesala en esas mismas compañías para tratar de que los difundan y les saquen un disco, ellos haciéndose cargo de la producción. Y muy pocos son los músicos que tocan atrás de esos artistas. O sea, se ha perdido el trabajo en la música.

Por problema cronológico, he vivido, y muy exitosamente. Dicen algunos reconocidos músicos y directivos que soy el baterista que grabó cuarenta y cinco mil placas en la historia de la música en Argentina. He tocado en televisión, en grabaciones, para música de películas, he hecho giras con artistas nacionales e internacionales hasta que, en un momento de crisis personal, en el año 1976 dije basta. Me bajé paulatinamente del caballo del laburo.

A partir de ahí, me transformé en un "si me pagan, voy". Lo que determinaba que yo fuera a tocar era la guita que me ponían. Estudié instrumentos de percusión clásicos, armonía, contrapunto, composición y un buen día, en el Teatro Colón, decidí ser baterista y me dediqué al jazz. Soy un músico de jazz y de música clásica. Tratando de despegar de Argentina, empecé a buscar a un artista con quien salir de acá. Me subí a la propuesta de una cantante brasileña llamada María Creuza con quien toqué muchísimos años. Somos grandes amigos.

Yo soy amigos de todos, pero no por un problema de falsedad, sino que trato de tener buenas relaciones con todos los que trabajo y de no terminar como terminé con las minas en tiempos pasados.

Las empresas "sin fines de lucro", entre comillas, que defienden nuestros derechos están perdiendo capacidad de administrarnos porque ya no hay grabaciones ni venta discográfica como había antes. En consecuencia, la venta del disco está perdiendo hegemonía en el mundo entero actualmente, y la gente está empezando nuevamente a elegir, inclusive con las nuevas tecnologías. Si no nos subimos a los avances tecnológicos, perdemos como en la guerra.

He sido contemporáneo de los cambios de lugar de la industria discográfica, desde la inglesa, francesa, italiana, hasta que fue dejada de lado por la norteamericana. El jazz rock, la fusión y tantas cosas que existieron para voltearse entre sí.

Cuando la gente decidía con quien bailar, conocían perfectamente la formación de la orquesta como si fueran hinchas de fútbol. Había revistas donde se hacían encuestas populares sobre ellas y hasta sabían quién era el percusionista en el Colón.

Los lugares como Jazzypop, Oliver, La Oreja, Musicat hicieron que empezaran los jóvenes a descubrirlos y era una época donde no había la cantidad de precursores de batería que hay ahora. Tocando jazz, con la cuestión de la improvisación, con la exigencia que tiene el jazz, los tipos veían dos o tres bateristas con una técnica que no era muy común de ver, y además, la utilización de esta para hacer una música que tampoco era normal. Hablo de Horacio López, Osvaldito López, Minichilo, Pocho Lapouble y yo.

Primero dio clases Osvaldo López y Mini Chilo. Yo empecé a dar clases hasta que me casé y luego empecé a darlas a domicilio. En el año ochenta y cinco, con dieciocho alumnos a cuesta, iba a domicilio hasta que terminé eligiendo un lugar fijo. Leo a primera vista y toco muchos estilos porque el trabajo me ha requerido tocarlos.

A los que nos dedicamos a tocar y a laburar no nos alcanza para llegar a fin de mes y todo se transformó más en una cosa crítica que, como sabemos que no alcanza para llegar a fin de mes, le ponemos todos los huevos como hecho artístico. No anteponemos la guita al hecho artístico, no anteponemos la guita a la música y nos dedicamos a las clases.

Vemos tipos muy notables, como Chiche Heger, Pipita Veira, Fito, Fernando Martínez, Guillermo Masutti, que tienen alumnos que hoy tocan y que pueden disfrutar de lo mismo que hemos disfrutado nosotros. Considero que el mejor maestro de batería que existió en Argentina fue Alberto Alcala y todos sus alumnos, en un ochenta por ciento, han sido excelente bateristas. Que me perdone Dios si me olvido de otro.

Hace rato que los músicos argentinos no pueden vivir del artista y es porque hoy en día no existen artistas que, tocando solamente con ellos, te permitan vivir llegando a fin de mes, y es por este desguace que hemos sufrido.

Cuando terminé de tocar con María Creuza, me empezó a pasar lo mismo. Se acabó esa época en la que vivimos muchos de poder tocar con quien querías y ganar lo suficiente. Creo también que, si un tipo es exitoso, es porque además tiene detrás de él a una mujer exitosa, que está poniendo la cabeza con él. Si no hubiera sido por Graciela, yo no hubiera sido quien soy. No es solo por el don o por lo que estudié. La que soportó el hogar, las giras de meses con los chicos en Buenos Aires fue ella. Nunca fui menospreciado por ser músico por su familia.

Mi suegro, uno de mis padres postizos, me preguntaba si cobraba por mes y yo era un laburante, un obrero, no entendía que cobraba por laburo, sin aguinaldo. Yo me río porque toda la gente que vivía alrededor de nosotros nos cuestionaba y hoy mucha gente vive de esa forma.

Los bateristas somos muy especiales. Somos tipos espectacularmente solidarios. No debe haber un tipo en el ambiente musical más solidario que los bateristas. Somos unos aparatos, unos personajes tan espectaculares que nos copian nuestra personalidad. Olmedo, Porcel, Sandro, Palito han copiado la personalidad que han tenido alrededor. Al Mono Lezcano (baterista de Sandro) le preguntabas si lo copiaba a Sandro y te decía que no, que Sandro lo copiaba a él. Somos tipos muy particulares. Un día el saxofonista Chachi Ferreira, cuando fue el primer Zildjian Day, me dice: "Che, cómo rompen las pelotas ustedes con las reuniones de bateristas por los platillos". "Si en vez de ser el Zildjian Day se hiciera el festival del saxofonistas irían quince. Nosotros, mil ochocientos". Cuando ustedes quieren cagarse de risa, salir con alguien, con un amigo de verdad, un tipo solidario, esos somos los bateristas. Se enfermó la hija de..., hay que mandar un reemplazo, se quebró alguien, hay que donar sangre, ahí estamos los bateristas. Así que somos muy particulares. Tenemos el club del baterista, hacemos asados, hay muchos comercios de baterías. Esto es mundial.

Yo fui a ver a Frank Sinatra cuando la entrada estaba ochocientos dólares. Me sonó el teléfono a las dos y media de la tarde, y cuando atendí escuché: "Mr. Junior Cesari? Please to meet you, i'm Irv Cotler, the Frank´s Sinatra drummer". Básicamente, me dijo que había hablado con el representante de Zildjian en aquel momento para saber cuáles eran los notables músicos de Argentina y que hiciera correr la bola a los demás artistas que quisieran ir. "Voy a estar esperándolos en la entrada de artistas para hacerlos entrar". En se momento, nos llamamos por teléfono y algunos podían, pero otros tenían laburos. A las 20.00 hs, estábamos Astarita, Domingo Cura y yo saludando a Irv Cotler. Nos presentó a la familia, nos sentó detrás de la orquesta, y vimos a Sinatra a quince metros.

Los músicos no tenemos problemas de judío, católico, musulmán, negro, blanco. Como digo yo, los músicos somos tan aparatos que admiramos a los discapacitados porque le vemos el mérito de poder lograr lo mismo que nosotros con muchas cosas en contra. Adoramos a los ciegos, respetamos a los negros porque sabemos que ellos fueron quienes inventaron la música, y si no la inventaron, son los mejores.

En el Zildjian Day del 94, el vicepresidente de Zildjian quería que toquemos un candombe. Para ellos el latin music es todo y todo lo latino es una raya, no un continente. En consecuencia, querían que tocáramos un candombe uruguayo y entonces, dos días antes, les mostré cómo era el ritmo. Tanto Dennis Chambers como Will Calhoun lo agarraron al vuelo. En ese momento Will me preguntó si tenía hijos, que le mostrara una foto. Mi hija tenía veintitrés pirulos y me dice: "Ah, suegro". Le dije: "Suegro las pelotas". Pasó el tiempo y mi hija se puso de novia con un holandés. El guitarrista de Living Colour había escrito un libro y lo presentaba en el mismo lugar donde trabajaba mi yerno, en Ámsterdam, y al terminar de firmar los libros y de que tocara la banda, mi hija le dice a mi yerno que quería ir a conocer a Will Calhoun. Van al camarín y, cuando lo ven, mi yerno lo felicita por como tocó y el tipo ni pelota. Mi hija le dice:

–Yo sé de vos porque mi papá es baterista, se llama Junior, tocó con vos en el Zildjian Day, en Argentina.

–¡Ah! Tu papá es un maestro, me enseñó su música, me hizo conocer a los Fattoruso en Uruguay, es muy respetuoso de la música afroamericana.

–Me contó la anécdota de la foto –le dice mi hija.

–Bueno, tu papá, más que un maestro, ¡es un bocón!

En una época, fabricábamos redoblantes con Marcelo Vignolo, ahora los fabrica solo él. Éste chico fabrica los mejores redoblantes de Argentina y de muchos lugares del planeta, y yo uso en un ochenta por ciento sus redoblantes. Muchos músicos sinfónicos en el Colón han usado el redoblante de él. Con Marcelo dijimos: "Vamos a regalarle un redoblante a Dennis". Dennis, puteando, dijo: "Tres discos grabé con Scofield y con otros y me preguntaban qué tambor usaba. Les respondía 'On Marcelo Vignolo snare Argentina!'"

Hacía nueve meses que había nacido su nieto y ya estaba hinchado las pelotas de viajar por todos lados. Quería centralizar la cosa en su casa y trabajar con distintos tipos. Hacía seis meses que no estaba en su casa y lo que más extrañaba era estar en su casa sentado con su nieto. Me preguntó qué hacían mis hijos y me recomendó que dejaran todo y que me hicieran abuelo, que era lo mejor que te podía pasar en la vida, y tenía razón.

PARTE DE ARTISTAS, MÚSICOS Y GRUPOS CON LOS QUE REALIZÓ GRABACIONES Y SHOWS

Los Náufragos
Piero
Pimpinela
Estella Raval
Sandra Mihanovich
Valeria Lynch
Maria Elena Walsh
Jairo
Trío San Javier
Ligia Piro
Carlos Viso
Banana Pueyrredón
Baby L. Fürst
Jorge Navarro
Ángel Sucheras
Trío Armani
Los Swing Timers
Santiago Giacobe
Gustavo Bergalli
Rubén Barbieri
Ricardo Lew
Marcelo Mayor
Walter Malosetti
Javier Malosetti
Jorge López Ruiz
Chivo Borraro
Jorge Anders
Fat´s Fernández
Américo Belloto
Francisco Rivero

Héctor (Costita) Bisignani
Andrés Boiarsky
Erico Rava
Chuck Wayne
Mauricio Einhorn
Sebastiao Tapajos
Don Barrows, Kevin Hunt
Trío de Horacio Larumbe
Maria Creuza
Manzanero
Luis Miguel
Chick Corea
Sir Roland Hanna
Dave Kikowsky
Wynton Marsalis
Randy Brecker
Joe Newman
Cliford Jordan
Kenny Garrett
Marc Johnson
Alex Blake
Jimmy Rowser
Hermeto Pascoal group
François Lima
Pixinga
Iteberé
Walmir Gil
Horacio Fumero
Vinicius Assumpçao Dorin

Junior a finales de los '70. Batería Rogers.

Junior en vivo a principios de los '80. Bateria Ludwing acrílico.

Junior tocando en Orquesta, acompañando al cantante Antonio Prieto.

Clinica de Rufus Jones. Junior en primera fila observando cada movimiento.

Clínica de Rufus Jones. Sindicato de Músicos.

Junior en su juventud junto a Chivo Borraro
en el primer Jazzypop.

En "Club el Fonógrafo". Junior junto a
Horacio Larumbe, Jorge Gonzalez y Jorge Cutello.

Trío Labumbe.

Junior junto a Paquito de Rivera.

Junto a Gustavo Perez y Daniel Perez
(Drummer Shop). Zildjian Day, año 1994.

Junior hablando a la audiencia.
Zildjian Day, año 94.

Junior junto a Dennis Chambers,
Will Calhoun y Alex Acuña.

Flyer del Zildjian Day en revista int. Drummer.
Junior representante argentino destacado.

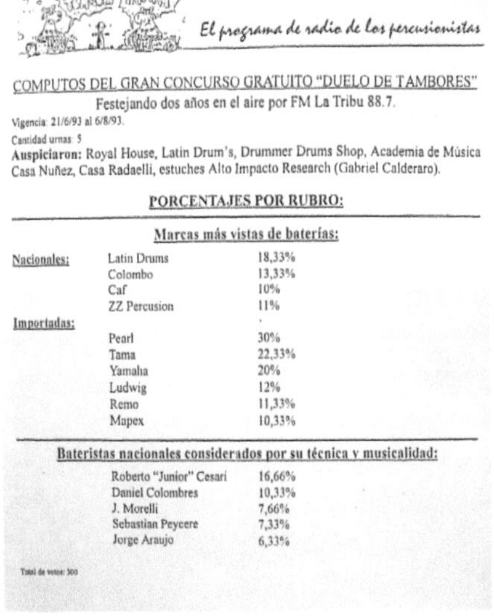

COMPUTOS DEL GRAN CONCURSO GRATUITO "DUELO DE TAMBORES"

Festejando dos años en el aire por FM La Tribu 88.7.

Vigencia: 21/6/93 al 6/8/93.

Cantidad urnas: 5

Auspiciaron: Royal House, Latin Drum's, Drummer Drums Shop, Academia de Música Casa Nuñez, Casa Radaelli, estuches Alto Impacto Research (Gabriel Calderaro).

PORCENTAJES POR RUBRO:

Marcas más vistas de baterías:

Nacionales:	Latin Drums	18,33%
	Colombo	13,33%
	Caf	10%
	ZZ Percusion	11%
Importadas:		
	Pearl	30%
	Tama	22,33%
	Yamaha	20%
	Ludwig	12%
	Remo	11,33%
	Mapex	10,33%

Bateristas nacionales considerados por su técnica y musicalidad:

Roberto "Junior" Cesari	16,66%
Daniel Colombres	10,33%
J. Morelli	7,66%
Sebastian Peycere	7,33%
Jorge Araujo	6,33%

Total de votos: 300

Programa Duelo de Tambores.
Concurso del mejor baterista argentino.

Junior haciendo de traductor
de Greb Bissonette en clinic tour de Bs. As.

Junior Cesari grabando en estudio.
Década del 2000.

Junior junto a su esposa Graciela Fagonde.

Familia Cesari. Junior junto a su esposa Graciela y sus dos hijos Sergio y Emma.

DISCÍPULOS Y COLEGAS

FITO MESSINA

Yo empecé de muy chico mi carrera profesional y no era fácil encontrar buenos docentes, básicamente porque los buenos tipos tenían mucho laburo y no tenían tiempo para dar clases. Me acuerdo que un día, estando en Blues, en la casa de música, pregunté si conocían a alguien con quien estudiar y me dijeron que fuera a estudiar con Junior Cesari. Me acuerdo de que fui cuando daba clases en Constitución, en la calle Entre Ríos, en un segundo piso.

La verdad es que estaba en un momento donde había comprado la fábrica Latin Drum y no podía cumplir al nivel de lo que él podía pedir ese entonces, así que preferí mantener un amigo y evitar que me mandara a la mierda. En ese sentido, el Gordo era bravo, no te andaba con vueltas. Habré ido tres clases, pero después hice una gran amistad con él porque el Gordo era un apasionado de la pesca como yo. Fueron entre 8 y 10 años, más o menos, en los cuales de las 54 semanas que tenían cada año, 40 salimos a pescar juntos. Tengo muchas horas sentado en una lancha con el Gordo, donde de lo que menos hablaba él era de batería. Era tan apasionado por la batería como por la pesca, y era bravo... La tenía clara. No poder ir más con él fue realmente difícil. La pasábamos bárbaro. No lo podía sacar del agua ni a trompadas. Empezaba a caer la noche, teníamos que navegar una hora y le decía: "Junior, dale, boludo, vamos a llegar de noche", y él me respondía: "Pará, pará, pará, un poquito más, pará, pará...". Era imposible...

Una vez fuimos a una laguna con un amigo, entramos y dijimos: –Vamos allá que termina el viento –Vamos allá donde nace –nos dijo el Gordo. –Junior, dame bola que en esta laguna se pesca donde muere.

–Bueno, dale, vamos a donde muere.

¡Fuimos a donde moría el viento y pescamos de puta madre! Habríamos sacado, no sé, como cincuenta pejerreyes cada uno básicamente, y mientras volvíamos dijimos:

–Che, qué buena pesca que hicimos.

–Si hubiéramos ido a donde dije yo hubiéramos pescado más –nos respondió Junior. ¡Era re cabezón!

Era fanático de la pesca de tiburón. Tenía todo el equipo de primera clase. Una vez fuimos a Mar del Plata y Junior dice: "Yo solo voy a pescar tiburón". Saca una caña tremenda, infernal. Un arnés para calzarse la caña... Los demás estábamos pescando variado, corvina, en fin. ¡Y el tiburón terminó picando con mi cañita de mierda! El Gordo dijo: "La puta que lo parió, me traje todo el equipamiento y me hiciste quedar como un pelotudo". Nunca pude encontrar esa foto...

Después hay otra anécdota que es muy graciosa también. El Gordo, cuando cobraba ADI, se iba a una casa de pesca muy cerca de ahí. Y si ADI venía bien, arribaba con todo. Él tenía dos equipos de tiburón y una vez se calentó con un tercer equipo y decía: "Cómo mierda lo meto en mi casa". Creo que era el cumpleaños de Graciela y, cuando llegó, tocó el timbre y le abrió ella. Le dijo: "Feliz cumpleaños" ¡y le regaló el equipo de tiburón! –¿Para qué quiero un equipo de tiburón? –le dijo Graciela. –Bueno, si no lo vas a usar vos, lo uso yo –le respondió el Gordo.

Era un gran narrador. Te contaba algo y te decía: "El quince de noviembre de mil nueve sesenta y cinco, toqué en Cañuelas". Hoy la gente se olvida muy rápido de los grandes. Al noventa por ciento de la gente que viene a DrumsOnline le hablo de Junior y no saben quién es. Tipos conocidos, como Moro, cuántos saben quién es.

El último tiempo que di clases siempre caía una frase de Junior. Lo había pasado a la categoría de "sabio". Aprendí después mucho de él sin un par de palos en las manos y más recordando sus palabras.

Hace 20 años me hablaba de cosas baterísticas que saltaron a la luz hace solo cinco años, como la técnica Moeller, tocar adelantado y atrasado del beat... Esas tres clases que tuve me sirvieron de mucho. Yo ya sabía que si iba creyéndomela, la iba a pasar mal. Había ido tranquilo, sabía que me conocía y sabía que tocaba profesionalmente. Me acuerdo de que, cuando estaba en su sala, me dijo:

–Tocate esto con la mano derecha, ahora hacelo con la mano izquierda. –No me sale –le dije–. ¿Cómo hago? –¡Preguntale a la mano derecha! –me respondió. He aprendido algunas frases que difícilmente que se puedan volcar, ácidas y duras, pero reales.

Un día de show en Jazzypop, me preguntó si iba a ir. Le pregunté quién tocaba y me respondió que tocaba tal músico. "Vayamos, está bueno, boludo, para ver los tipos que se quedaron a mitad de camino de tocar bien la batería y no llegaron a ser buenos bateristas". Esa frase fue terrible... Después la empecé a usar en mis clases. Venía alguien y me decía:

–Fito, quiero tomar clases.

–¿Qué querés que te enseñe, a tocar la batería o que te enseñe a ser un buen baterista?

–Uy, me cagaste –me respondían.

–Yo te puedo enseñar toda la magia, toda la técnica, pero eso no significa que te ponga un tema y lo toques bien.

Me había cambiado el punto, la óptica. Había un comentario de que Junior era muy duro como docente, y la dureza de Junior era el cincuenta por ciento que después la profesión te exigía, o sea... no era duro...

El tipo te ponía en la realidad. Era una persona que no se bancaba que un tipo no estudiara. No se bancaba que un tipo sin talento estuviera trabajando mientras que otro con talento no trabajara. Pero eso era porque era tan apasionado de la bata que no podía ver que la tocaran mal. Tenía un amor por la bata... Esa pasión lo llevaba a tener una cuota de exigencia que el que se la bancaba, después marcaba la diferencia, pero había que aguantarla.

Cuando salta todo el quilombo del Protools y empiezan los laburos donde había que tocar con la rigidez de estar clavado siempre con el click, el Gordo me agarró y me dijo:

–Hoy vos vas a grabar pop y ves una falta de conciencia para tocar, el golpe debe estar clavado en el tiempo, no importa nada, pero nadie lo hace.

Decía que en el punto del tiempo había un círculo, donde uno podía tocar adelante y atrás, en la parte inferior o superior, y eso pasaba también por lo que uno siente. Estos conceptos yo los hablaba con él hace veinte años y yo no entendía de qué me hablaba.

Me acuerdo de cuando vino una vez Dan Goldier a dar una clínica, fue Junior y lo mató a preguntas, lo hizo mierda. El tipo ya no sabía para dónde correr. Capaz que el mono se pensaba que iba a encontrar unos indios acá y estaba el Gordo largándole una tremenda data. En el instrumento la tenía terriblemente clara. El laburo de tocar, todo...

Fue un grande y como maestro más. En un momento fui a estudiar con él tambor sinfónico y cuando fui me sacó un libro, me lo puso en el atril y me dijo:

–Tocalo. –¿Qué es esto? –le pregunté. –Esto es un libro de piano, tocalo.

Y me tuve que leer una partitura de piano con los palos. Una era una negra ligada, otra una semicorchea, o sea, no podía hacerlo sonar todo igual con los palos, pero me hacía encontrar la forma. Ese, por ejemplo, era un concepto muy difícil de poder entender.

Tenía una frase el Gordo que vino a partir de eso: "Cada golpe amerita un movimiento". Cuando aplicás los Taps, los Up, los Full, los Down, la Moeller, cada uno tiene su movimiento. Aplicaba el estudio siempre con dinámicas. El Gordo tenía una formación jazzera, y lo que se estudia en el jazz está mucho más lejos de lo que se estudia para tocar pop o rock. Hay términos tanto en el pop como en el rock que no existen, como por ejemplo, las dinámicas. Ninguno de esos tipos de bateros que tocan esos estilos usa dinámicas. Todo el mundo toca lineal, fuerte. Los solos de batería son exhibicionismo puro. No hay una forma, no hay nada. Yo empecé a estudiar jazz de grande. Cuando te metés en el jazz, te das cuenta de que todo lo que sabías en realidad era nada.

El tipo con el instrumento era un perfeccionista.. Tenía seis palilleras armadas, cada una con su tarjeta personal. A cada palo le sacaba punta, no sé por qué. Tenía varias armadas, listas para salir a la cancha.

También era bastante compulsivo comprando, y con las cosas de pesca más aún. Su pasión eran los rides y por una sencilla razón, era un baterista de jazz. No le alcanzaba uno solo. Tenía un montón. Yo vendí todos mis tambores menos los que le compré a Junior, los tengo de recuerdo. Un Ludwing Jazz Festival del cincuenta y pico, y otro del 1920 con aros de madera, parches de cuero, bien de colección. Ni para pegarles...

Creo que, como Maestro, hubiera tenido más alumnos, pero era un tipo que no transaba con nada ni con nadie.

Una vez un pibe le llegó la primera clase quince minutos tardes y se lo llevo a la esquina a tomar un café y lo tuvo una hora explicándole porqué no tenia que llegar tarde a una clase.

Igual supongo que estaría hinchado las pelotas también, y capaz no le quedaba otra y tenía que seguir aguantando ese tipos de cosas. Creo que las últimas clases las terminó dando desde la cama en su casa... Hasta último momento vos le hablabas de batería y Junior se iluminaba. Fue un tipo que me ayudó mucho. Hay una frase que me dijo una vez, que muchos argumentan que la inventé yo, pero yo no la inventé. El Gordo me agarra y me dice: "Fito, el trabajo de baterista no existe, hay que inventarlo".

Recuerdo otra vez, que para mí fue muy importante, en el año 93, yo estaba con la fábrica de baterías. Hice un evento en el club de bateristas que había explotado de gente. Subí a tocar, y la gente me gritaba: "Hey, Fito, cuánto me sale un crash de 16", "Fito, firmame un cheque". Claro, muchos ni sabían que yo tocaba y esa vez tuve una buena noche tocando, entonces cuando bajé el Gordo me dijo:

–Hijo de puta, esos quintillos que tocaste... Por qué no mandás esa fábrica a la mierrrda y te dedicás a tocar.

Eso fue un punto de reflexión que, sumado a otras cosas, hizo que cerrara la fábrica. Me dediqué a hacer una parte que no había hecho, que era laburar exclusivamente de batero, porque la verdad nunca me había interesado exclusivamente. Y después de haberle hecho caso, me ve tocando en la tele y cuando me agarra me dice: “Cómo podés tocar con el puto ese... dejate de hinchar los huevos”.

Él era de los que sostenían que no podíamos hablar de otra cosa hasta que vos no supieras manejar los palos como tenía que ser. El piso del Gordo era muy alto. Si vos querías aprender a tocar tal cosa, él decía:

–Bueno, ok, haceme un uno y uno a tiempo tal empezando con la mano izquierda... Ah, la concha de la lora... Hasta que no llegues a eso, lo que me preguntaste no te lo puedo contestar.

Por eso, el piso para entrar a la universidad del Gordo era altísimo. Cuando entrabas ahí, venía la posta. Los que entraron ahí fueron Oscar Giunta, Diego Alejandro, fueron muy pocos.... El Gordo enseñaba cosas que recién hoy enseñan. Hay una parte que la gente se perdió: su enseñanza estilística.

En un momento le rompí los huevos para que tuviera una batería electrónica. Me iba de vacaciones y le quería dejar una mía, pero no quiso saber nada.

Él veía venir toda esta podredumbre de YouTube. Hoy a un pibe le das un libro y te saca cagando...

Yo creo que el Gordo se fue en un momento en que hubo un cambio grande. Segundo, hay muchísima gente que toca bien la batería, pero sigue habiendo muy pocos buenos bateristas.

Un ejemplo crudo, Steve Jordan. Si yo le doy a un pibe para que escuche a Steve Jordan sin decirle quién es, me va a decir: “Pero no pasa nada. ¿Qué hace? Cum pa cum pa”. Y yo le diría: “Si vos en dos vidas pudieras hacer que ese cum pa cum pa sonara igual al de él...”. Hoy el concepto es más visual. Andá a un evento de bateristas y vas a ver que el momento donde el público más aplaude es cuando el batero da vuelta los palos. La otra vez fui a uno donde había un pibe tocando doble bombo y haciendo malabares con los palitos. Fue el momento más aplaudido de la noche...

Hoy los pibes ponen YouTube y copian. El quilombo es cuando quieran tocar ciertas cosas. Para tocar rock, para tocar pop, casi te digo que nadie de los que llegan y tocan bien es por la cantidad de horas que estudiaron o por con quién estudiaron. Si el Barba no te dio el talento, olvidate.

Conozco tipos que estudiaron muchísimo más que otros y no existen. Y hay otros que han estudiado mucho menos y que han logrado un montón de cosas. Ahora, cuando se junta que el tipo es talentoso y encima estudia mucho, con perseverancia, ese es el que hace historia y marca la diferencia.

Tenés un tipo como Giunta, talentoso y que estudió mucho, y está donde tiene que estar. Un tipo como el Pipi, talentoso y que estudió mucho. Un tipo como Jota, es muy talentoso y no estudió tanto. Jota no toca como toca por la cantidad de horas que estudió, toca lo que toca por el gran talento que tiene. Bah, es lo que pienso. Yo no estudié tanto como parece, yo estudié mucho menos. Considero que tengo talento para tocar la bata. Y después hay tipos que han estudiado y nada...

Un día Junior me dijo: –Fito, ¿sabés por qué Colaiuta toca como toca?

–Porque está loco –le respondí.

¿Cuántas palabras usa el ser humano para hablar? ¿Tenés idea? 500 palabras. El lenguaje del tipo supera el de cualquiera. ¿Sabés por qué esos hijos de puta graban como graban? Porque son muy vivos. Vos agarrá una foto de Colahiuta o de Gadd de hace veinte años y comparala con una de ahora, fijate que la batería la tiene armada igual, con las mismas distancias. Colahiuta, hasta cuando graba dormido, con los ojos cerrados, sabe dónde pegar, a dónde va, cómo suena, cómo va a quedar mezclado. No tenían sorpresa para tocar. Era un concepto tremendo...

Había muchas cosas de esas de él que me enseñaron mucho más que tener los palos en las manos.

Cada vez que tenía que decir una frase de él en la clase, decía que era una frase de mi Maestro, al que pasé a la categoría de "Sabio". Fue un tipo que no transó con el medio cuando la música se comercializó como se comercializó. Te voy a dar un ejemplo que no tiene nada que ver con Junior. Cuando Spinetta hace su último disco, la compañía le dijo:

–Che, estuvimos escuchando el material para el disco, mirá hay bastante temas buenos, pero mirá, este tema dura 5 minutos, pero tendrías que bajarlo a tres minutos y medio.

–¿Cómo? –respondió el Flaco. –Sí, porque, viste, radialmente... –¿Vos me vas a venir a decir el tiempo que yo necesito para decir lo que tengo que decir?

Lamentablemente, en un momento, el comercio pasó a la música por arriba. De hecho, hoy en día todo suena igual, todo es igual. A Wynton Marsalis, en un reportaje, le preguntaron qué opinaba de los músicos de jazz.

–Es un estilo que hay que estudiar mucho –dijo–, hay que hacer esto, hacer lo otro. –¿Y de los músicos de fusión latinos? –Bueno, ahí también hay que estudiar, quizás sea un poco más fácil. –¿Y de los músicos de rock? –le preguntaron por último.

–Ah, el rock tiene la característica de que un tipo que no tiene talento puede estar tocando delante de cinco mil personas...

Y es real. Si querés ir a un baterista, fijate en todos los bateros de las bandas más importantes de acá, no son los mejores exponentes de la batería argentina. Pero ojo, también el tipo toca lo que tiene que tocar para la canción y está bien. El término popular cancionero es muy limitado, pedorro.

Siempre a mis alumnos en el último tiempo les decía que tenían que escuchar otros estilos, porque lo único que justifica en cierto momento seguir estudiando es la apertura estilística. Ya sabés leer, sabés el uno y uno, el dos y dos, los paradidles. Empezá a abrir la cabeza estilísticamente porque nada va a justificar que estudies. Y si tenés huevos, metete en el jazz. Y ahí te vas a dar cuenta de que todo lo que aprendiste vuelve a cero. En el funk es mucho más necesario tener técnica para poder tocarlo. En el jazz, no. En el jazz, estás hasta las manos. Si no podés manejar ciertos conceptos musicales, estás en el horno.

La posición del Gordo era "El Baterista argentino", el representante de la batería en Argentina. El Zildjian Day salió publicitado en la Modern Drummer y fue gracias a él que, como era endorser de Ziljian, fue posible hacer el primero.

Él era muy amigo de Dennis Chambers. Cuando venía, con el Gordo se abrazaban, tenían muy buena onda. Siempre los músicos que venían de afuera decían: "Quiero ver a un tal Junior". Estaba un paso arriba de mucha gente...

PHIL MATURANO, HACE UNOS AÑOS, VINO A ARGENTINA Y DIJO: "ACÁ TODOS LOS BATEROS QUE TOCAN JAZZ SON UN DESASTRE, QUIERO VER A UN TAL JUNIOR".

DIEGO ALEJANDRO

Comencé a tener un amor por la batería desde muy chico –tendría unos tres o cuatro años–, gracias a mi tío que era baterista. En esa época, año 78, ensayaba en la casa de mis viejos. Siempre me ponía al lado de él y me sentaba a tocar. En el barrio decían: «¡Vengan a ver al chiquito que toca la batería!». Siempre tocaba con sillas, tachos y luego decidí comenzar a estudiar, cuando estaba por séptimo grado y empezaba a juntarme con compañeros del colegio.

Primero me compraron una guitarra y la verdad que no la sentía, lo mío era la batería. Ahí fue cuando mi tío me dijo:

–Tenés que estudiar con Junior, es lo más, no sabés lo que es, parece tres tipos tocando.

Hay una anécdota que me cuenta mi tío: estaba tocando Junior con María Creuza y mi tío se quedó atrás mirándolo bien de cerca y en un momento se tambaleó para atrás, cayéndose, y tanto mi tío como su amigo lo agarraron en el aire, lo sujetaron y Junior continuó tocando como si nada. Casi se mata del golpe.

Cuando lo llamé por primera vez no tenía horario y yo tenía ganas de empezar a estudiar así que me recomendaron otro batero para tomar clases, con el cual estudié solo siete meses. Recién en tercer año del secundario comencé a tomar clases con Junior. Me acuerdo que fui la primera vez, con toda mi inocencia con mis quince años de aquel tiempo. Fuimos a su departamento directo y me hizo una especie de entrevista, eran principios del 90. Le dije:

–Estuve estudiando un tiempo con un profesor y luego solo. Estudié el libro Podensky –agregué convencido. Es un libro avanzado.

Junior me respondió –Si vos hubieras estudiado realmente bien el Podensky jamás hubieras venido a tomar clases conmigo, estaríamos en el café de acá a la esquina hablando de igual a igual.

Me mató… Yo lo miraba sorprendido, como sin entender, con mis quince años y pensando convencido: «¡Pero yo lo estudié!». Me hizo sentar en la batería y me puso una lectura sencilla para leer y se la leí a primera vista. El Gordo me dijo que estaba bárbaro pero tenía cosas técnicas que mejorar, que siempre repetía la lectura desde la misma mano, tenía que saber bien cómo se agarran los palos y, bastante amable, después finalizó diciéndome:

–Mirá, yo te hago una propuesta: si vos me dejás, empezamos de cero.

Bueno, me dió un listado de cinco o seis libros que tenía que comprar para empezar y la dirección en donde los podía conseguir. Me había dado para comprar el Bona, que es un libro de método musical, Stick Control, Morry Goldenberg, Sincopation y el Buddy Rich y, más adelante, me hizo comprar los cuatro Chaffee. Por lo general, siempre me hacía ver cinco lecciones. Arranqué con el Chaffee 1 y en la primera lección me enseñó a agarrar bien los palos, me enseñó lo que era el grip, el full crom, el match grip, la posición de cómo sentarme y luego los ejercicios de dedos ejercitando cada uno hasta llegar a 104. Se lo hice en tres meses, que para él era rapidísimo, el alumno más rápido hasta ese momento había tardado cuatro meses. No te lo decía como pensando la batería como una competencia, sino desde el asombro y su entusiasmo. Empecé también con la lección uno de Buddy Rich y de a poco me hacía laburar mucho el uno y uno pasando desde dedos hasta muñeca. El libro 1 de Gary Chaffee fue el que luego se llamó Rhythm and Meter Patterns, con el que continué. Siempre me hizo tocar de uno y uno empezando de derecha ya que soy zurdo. Me dio tanta masa que en un año ya tenía ambas manos parejas. Al libro Bona no me lo hizo solfear, lo que me dio es algo que está muy bueno, donde me transmitió la esencia musical desde el principio: me hacía cantarle con la voz el valor de las notas para que sintiera la duración de una ligadura, de una blanca, de una negra con punto y no solo haciéndolo con golpes de batería donde se transformaba en algo lineal y no musical. Cuando le cantaba una semicorchea como una corchea, me decía:

–No, es una corchea.

Si era staccato, tenía que reproducirlo con una letra T para que sonara corto. Me sirvió muchísimo para ganar en la parte musical y más adelante empecé a ver interpretación de Big Bands con un libro de Steven Houghton. Cada libro bien estudiado se tarda entre un año y medio o dos, solía decirme Junior. Me quedó muy grabada aquella primera clase donde le había dicho que había estudiado el libro Podensky entero y se me mató de risa. A medida que pasaba el tiempo, me daba cuenta de que tenía razón, me llevó cada libro que estudié con él ese mismo tiempo, salvo el libro Chaffee 2 –Sticking Patterns–, que lo terminé en tres años.

Los primeros tres años me hizo laburar todo lo que refiere al tambor, como la técnica, lectura, dinámicas, rudimentos, musicalizar las notas antes de hacerme sentar en la batería. No había un día que no estudiara, con un mínimo de cuatro horas, en las que practicaba el promedio de cuatro a cinco lecciones que Junior me daba. No había feriados ni fines de semana que no estudiara, quería llegar a tocar lo mejor posible. Las clases de Junior eran muy demandantes, me exigía y trataba de darle todo lo que me daba. Hubo años en que las clases avanzaron rápido porque le rendía todo lo que me pedía. Mis prácticas duraban varias horas, practicando una hora por cada libro que me daba, llegando en muchos casos a seis horas por día o más. Estudié con Junior casi diez años y creo haber sido el único que hizo toda la escuela con él, él solía decirlo. Iban todos pasando por Junior y se iban, o terminaban pasando por otro. Hice toda la escuela porque me dio todos los libros que daba. Fueron un poco más de nueve años en los que estuve sentado con él estudiando.

Con él aprendí jazz, me hacía ver los Chaping, el Sincopation de mil maneras distintas en jazz, de uno de los libros de Chaffee la parte entera de jazz. Enseñaba los Rileys, pero como me dio todos los anteriores libros creyó que no era necesario dármelo, no era nada nuevo en relación a las cosas que me había hecho estudiar. Me empezó a enseñar jazz después de los tres o casi cuatro primeros años de tambor. Con dinámicas en toda la batería, cómo tocar el ride, el tempo, en fin. No me daba fills o cosas para aplicar prefabricadas por él. Me hacía crear a mi forma, sin algo estipulado. Los ejercicios de los Chaffee que estaban atrellizados me hacía pasarlos por la batería luego de haberlos visto por el tambor y me pedía que preparara siempre frases diferentes. Me hacía laburar un jazz estándar, un jazz quebrado con un moño total. Entonces ahí ya estaba laburando estilos. De lo que me di cuenta por haber experimentado toda su escuela y porque lo viví era que no se guardaba nada, las pocas veces que lo hacía era porque te requería que superaras primero las lecciones que te daba, que eran fundamentales antes de llevar a cabo lo que le preguntaras, porque lo veía necesario. Como maestro era bastante firme: si veía que no rendías el requisito que te pedía, menos te iba a dar algo que le preguntaras. Atrás de esa forma dura que tenía era un tipo muy generoso, aparte de darme toda su sabiduría abiertamente nunca se guardó nada. Cuando le dije que quería tocar salsa me dijo: «Bueno». Él decía que no daba estilos y siempre me repetía que cuando quisiera aprender uno debía escuchar muchos discos y meterme de lleno. Una vez me dijo:

–¿Querés tocar bien jazz? No escuches lo de ahora, empezá a escuchar cómo se tocaba desde los primeros tiempos, porque el jazz no nació con los artistas de ahora, el que está tocando ahora así es porque escuchó a los primeros.

Cuando estuve accidentado por una fractura, tuve muchísimo tiempo para escuchar discos y me acuerdo que conocí a muchos artistas escuchando radio Urquiza. Pasaban mucho jazz clásico y después de hacer todo ese laburo que decía él recién ahí me metí en el jazz moderno. Tenía cerca de dieciocho años cuando empecé a ver jazz con Junior. Cuando le tiré lo de salsa me dijo:

–Vos sos argentino, para tener ese swing, ese sabor, tenés que meterte de lleno y hacer esa música tuya. El cubano nació con eso, lo lleva puesto. Yo no toco salsa pero te puedo guiar, estudiate este libro de Fran Malag y el de Robian Mi. El de Robian Mi es más moderno, más popero, toca la salsa desde otro lugar, estudiate primero el de Fran Malag y después cualquier duda venís, ya estás como para estudiarlo solo.

Entonces empecé a estudiarlos y luego volvía, le daba el libro completo y me corregía cosas o me decía «Está perfecto esto». Después, como vio que ya le había agarrado la mano, me dijo que si quería meterme de lleno me hiciera un viaje a Cuba o a EE. UU. y estudiara derecho con los locos, pero con esta base «ya estás para mandarte y bien». Después con la música brasilera me pasó algo similar. Él la tenía recontraclara con esta música. Me dijo:

–Estudiate este libro de Duduca Fonseca, estudialo pero la mitad de lo que hay ahí es bastante sanata, tomalo como para meterte en el lenguaje, escuchate todo esto y esto.

Me terminé metiendo mucho más que con la salsa y creo que hoy en día es uno de los estilos en los que mejor me desenvuelvo. Ahí le saqué mucho el juego a Junior. Había clases en las que solo nos quedábamos escuchando mucha música, entre ellas el jazz y la música brasileña. Me decía «escuchá eso, mirá cómo se apoya áca, se asemeja a este libro, a este otro». Las últimas clases eran prácticamente así. Ahí aprendí muchísimo. Luego me hacía ir cada quince días, después cada mes y al final de todo me dijo:

–Andá a tocar, ya te enseñé todo, ahora necesitás tocar, todo lo que puedo llegar a dar y más te lo enseñé, te falta calle.

Y tenía razón, estaba mucho metido en casa. Arranque en el 90 con quince años, en el 97 nació mi hijo Alan y yo estaba a full, ahí me hizo bajar a quince días entre clases y luego cuando nació Alexis una vez por mes. Ahí me sacó a patadas:

–Andá a tocar, ya sos padre, andá a foguearte.

En las clases de solo escuchar música me cantaba lo que tocaría con una música de fondo, o sea tocaba sin tocar, cantando. A veces tenía un djembe y me comparaba ritmos:

–Mirá cómo sonaría esto acá, este acompañamiento con aquello».

Empezaba a tocar unas frases con un swing y un pensamiento brasuca que eran tremendos y lo tenía al lado mío tocando. Me decía:

–Escuchá a Lenny Andrade, mirá cómo canta rítmicamente esta cantante, cómo arma acá, cómo frasea este trompetista.

Analizábamos solos de trompetistas desde el lado rítmico y desde el fraseo. En todas esas cosas que me hacía escuchar me resaltaba el lado musical. Nunca me hablaba de un batero desde el lado del virtuosismo, cuando veía a uno medio zapallo ni lo veía, lo sacaba de una. Siempre me remarcaba cosas de estar escuchando lo que hace el otro.

–Siempre está el diálogo, vos tenés que contestarle, vos sos músico y nadie lo ve así, estudian al instrumento como un cabeza y esto es lenguaje.

Él te daba toda la técnica y todo el lenguaje. Me decía:

–Yo te preparé como para que vos te sientes con cualquier artista y puedas tocar ante cualquier estilo tocando todo lo que te pidan y todo lo que requiera la música. Si te piden tocar bajito, fuerte o piano, técnicamente no vas a tener problemas para poder hacerlo como tampoco si te ponen una partitura para leer, tampoco vas a tener problemas. A mí me interesa que en cualquier situación que te expongas no tengas limitaciones para hacerlo y puedas llevarlo a cabo.

Cuando vi el candombe me adecué y cuando me aparece un estilo que no acostumbro, más o menos la agarro al toque por lo que me enseñó, a nivel técnico, independencia, coordinación, música y teoría. Me sirvió y me sigue sirviendo muchísimo. Lo que más me recalcó fue:

–Aparte de ser baterista, vos sos músico, los tones, los platos, todo lo que tiene la batería son tonos, estás combinando sonidos, debés ser original, no copiar a otros, por eso te doy las bases, las raíces, no para copiar a nadie, sino para que los desarrolles a tu modo musicalmente. Armónicamente también lo podemos pensar así, cuando uno está tocando con cuatro miembros juntos sería como un acorde, una armonía. No importa si no sabés armonía, lo que importa es que puedas reconocer auditivamente los cambios, que los sientas, sabiendo dónde estás parado en la forma, en la armonía (cómo si lo supieras teóricamente).

Una forma de entrenar fue, en esas últimas clases cuando agarrábamos un tema de jazz clásico, enseñándome que se improvisaba siempre sobre la forma del tema. En el blues es un poco más fácil.

–Si vos cantás la melodía, siempre vas a estar adentro de la forma, después cuando empiezan a improvisar siempre cantate la melodía para saber dónde estás. Entonces, todo el tiempo vas reconociendo los cambios de armonización. El músico que improvisa puede tomar el camino que quiere con la armonía. El tipo tiene una guía que debe respetar (la forma armónica), hace los coros que quiere, conoce varios modos, escalas, etc., y en ese mismo instante va creando. Lo mismo lo vas a hacer vos. En un cuatro y cuatro tenés 16 negras para improvisar lo que quieras, tenés todo el backup de información para hacer lo que quieras pero siempre dentro del estilo. Cuando estás fraseando y soleando es cuando debés cantar la melodía, cuanto más hagas ese ejercicio mejor parado vas a estar, puede irse el bajista pero vos debés estar firme. Cuando te vas abriendo del tiempo o del bajista, vas generando tensión en la música, como también lo generás en el espectador. Eso es lo bueno del jazz: generás vértigo desde algún lugar. Los que improvisan desde la cuestión armónica y vos que lo hacés desde la rítmica van generando un vértigo y una tensión donde luego te acomodás. Nunca te terminás de ir del todo y luego volvés, como una montaña rusa.

Eso lo hablé mucho con Junior, mucha data que me llevo de haber hecho toda su escuela. Así como te cagaba a pedos, también tenía esos momentos en los que te decía:

–Uh…, qué swing que tiene eso, uuuh qué bueee, aaah tocás así y me dan ganas de bailar, pendejo, mirá cómo bailo.

Y le encantaba cómo hacías sonar una samba capaz. En algunos casos, te decía:

–Si tocás esto así en Brasil, te sacan a patadas. Si tenés asimilado el swing y los estilos cualquier nuevo sub-estilo que te surja lo vas a saber representar muy bien, te lo cantan un poquito y lo metes.

Y, de hecho, me pasó en la práctica con músicos brasileros cuando viajé a Brasil a tocar y me encontré con todos los subgéneros que tienen. Hay muchos ritmos que son muy parecidos pero cambian las cuestiones de tempo, sonidos, dinámicas. Lo mismo pasa con la música electrónica, con el jazz, con el ritmo que sea. Una cosa buena que me pasó fue cuando me escucharon tocar y dijeron: «Ah, mirá, un argentino con swing, ¿existen argentinos con swing?». Ahí puse a prueba mucho de lo que me enseñó Junior, nunca lo voy a olvidar. Pegamos mucha buena onda con los músicos de allá, eran muy divertidos. Siempre tuve ese halago, esa buena vibra de ellos, me dijeron varias veces que tocaba como brasilero.

En una época escuchaba mucho Djavan y era muy fanático de su bajista, Sizao Machado, y tuve la oportunidad de tocar con él. Fue lo más, estaba flasheado. Lo admiraba muchísimo. Cuando tocamos por primera vez me dijo:

–¡Cómo tocas! Salimos pegados, tocas el samba como un carioca.

Y yo por dentro decía: «¡Si vengo tocando con vos desde el año 90 arriba de tus discos!». Era lo que más escuche de música brasilera, y después se lo dije y él fue muy humilde, me invitó a su casa, pegamos muy buena onda. Esa experiencia de tocar con él fue increíble, como la de tocar también con músicos de Hermeto

Pascoal (al cuál escuché mucho también) como el pianista André Marquez y el saxofonista Vinícius Dorin. Con el jazz me pasó algo muy similar, de testear, de poner a prueba todo lo estudiado con Junior, y pasó cuando una vez Junior me pidió que lo reemplazara porque se iba de vacaciones. Toqué con el Negro González y con Horacio Larumbe, y me mandó de cambio también con Manuel Fraga. Estaba sentado ahí mientras tocaba y no entendía nada. Los dos, Larumbe y el Negro, un swing de personas, increíbles personas. Después de la vuelta de Brasil, tenía veinticinco años y Junior me dijo:

–Me tenés que cubrir en Notorious con el Negro González y Fraga, anotate las fechas.

Fue Junior quien me metió en el mundo del jazz. Después ya medio que quedás en contacto, porque ya sabían que era uno de los pendejos de Junior que andaba bien. Después toqué con Marcelo Mayor, que también me mandó Junior, con Americo Belloto, con Dante Diorio. Otras de las cosas buenas que me pasaron fue cuando Junior me mandó una vez a tocar con Ángel Sucheras, un pianista de jazz tremendo con el que estoy tocando actualmente y al cual considero uno de mis maestros musicales. Yo no conocía quién era. Con Sucheras me curtí en el jazz porque tocaba en un lugar en Puerto Madero todos los jueves, aprendiendo el oficio de ir y no saber qué íbamos a tocar hasta cinco minutos antes de subir al escenario, arrancaba con un estándar y me decía dentro mío: «¿Qué joraca toco?». El hecho de haber entrenado mucho con discos con la previa de Junior, de cantar las melodías y hacer esa fogueada con Sucheras creo que me hizo desarrollar mucho la intuición, de lo que le pasa al otro, adivinar en el real time, de estar en el momento y empatizar con lo que va a tocar el otro. Además de ser un groso, Sucheras es un divino, lo considero un maestro musical porque fue uno de los primeros que me fogueó, de empezar a tocar el piano y sentir el vértigo de no saber qué va a tocar. Estuvo buenísimo. Todo el laburo con Junior lo tenía y era la prueba que me dijo de resolver en el vivo lo que había que resolver. Tuve que poner en práctica lo de Junior ahí, en ese momento que algún día se me iba a presentar.

Junior tuvo una relación como de padrastro conmigo. Fué un honor tocar en la presentación de su disco "Legado", porque él ya había fallecido y no llegó a presentarlo. También he tocado en los aniversarios que organizaba el Negro en Jazz&Pop, en homenaje. Era emocionante vivir esa experiencia. El Negro me tenía muy presente como el chico que se había estudiado todo con Junior y además porque él mismo me hacía bandera. Álvaro Torres, muy amigo mío, que tocó muchas veces con Junior y el Negro González, me decía: «Loco, la verdad cerré los ojos y lo escuchaba a Junior tocando ahí», una vez que tocamos en un homenaje a él. A veces les hacía presenciar clases mías a otros alumnos suyos porque venía bastante avanzado y él mismo les decía: «El día que no esté más, pregúntenle a él…». Yo quedaba helado. Otras veces les decía: «¡Ya saben de quién tienen que comprar los discos!», no podía creerlo…

En un momento, me di cuenta de que era como un maestro Zen y yo un discípulo Zen, en un punto terminó siendo así la enseñanza, porque me encontraba tocando con nadie, estudiando encerrado en casa como en un templo retirado y, luego de toda esa etapa, saliendo a la vida a aplicar todo lo aprendido y resolviendo las cosas. Como me pasó cuando viajé a tocar a Brasil, con Sucheras, o cuando Dino Saluzi le dijo a Junior que estaba buscando batero y él le dijo: «Mirá, yo tengo el batero que vos necesitás», y terminé tocando con él. Me di cuenta de que todo lo que decía era real. A otros los cagaba a pedos pero como yo fluía con todo lo que me daba, él se daba y no paraba, desde escuchar discos juntos, las armonías, los solistas y músicos que no eran bateros. Me hacía escuchar la música, no los bateros. Me decía:

–Escuchá los bateros en relación con la música.

Cuando empecé no tenía un redoblante como la gente y me regaló un Pearl de metal que tenía. Siempre se dio desde ese lugar, como un padre musical. En lo que respecta a su persona, atrás de ese muro duro que ponía había un tipo super sensible, con una postura muy paternal. Y cuando aparecía su lado duro que chocaba, me hacía el efecto contrario: me hacía superarme. Conmigo pasó eso, lo pude capitalizar desde mi personalidad, que quizás con otras personas teniendo otra personalidad no sucedía, porque dejaban de estudiar, se metían para adentro o lo mandaban a cagar.

Yo era muy pibe, siempre estaba Graciela en la casa, me preparaba un té o me invitaban a comer, y luego se fue dando de yo invitarlos a casa. Graciela siempre se acuerda de mí como el chico que siempre hacía todo rápido. Estudié todo lo de Junior, a los veintiuno ya tuve mi primer hijo, a los veintitrés tuve el segundo y en un año más ya había hecho toda la escuela de Junior que no la había hecho nadie, como que era todo rápido. Ahora de grande, tengo mi propia experiencia pero como con el mismo linaje de él, cosa que me lo dijo él:

–Vos seguro vas a tener menos quilombo que yo porque yo soy a mi manera, y si voy a tocar y hay algo que no me gusta lo digo con otras maneras.

Y eso era otra de las cosas para admirar de él, era super transparente, fiel a lo que decía, si pensaba que alguien tocaba como el orto y lo decía. Además de duro era transparente, algo que no encontrás jamás o muy poco. No era careta, iba de frente, era algo para admirar. Otra de las cosas que me recomendó Junior que me quedó como una experiencia de vida fue que me dijo:

–Cuando vayas a tocar a algún lugar, siempre tocá chico, nunca seas de los bateros que toca ruidoso y cuando haya un silencio en el que nadie toca ni habla, no toques, siempre tocá con respeto, porque cuando te digan «pará, nene», te lo van a decir de mala manera, y va a ser porque estabas tocando cuando no debías. Ahora, cuando te digan «tocá más», te lo van a decir con ánimo y vas a tocarte todo y más, no es lo mismo que te digan «nene, ¿por qué no tocás menos?» o «¿por qué no bajás el volumen?», si tenés presente eso, siempre vas a estar bien porque siempre te van a pedir más; es preferible que te pidan de más que de menos.

Entonces siempre fui con esa actitud de respeto! Otra de las veces que me puse en situación discípulo fue cuando se me ocurrió dar clases, le dije a Junior:

–Empecé a laburar acá pero pensé en ponerme a dar clases –como pidiéndole permiso.

Él me respondió:

–Si vos dejáras de estudiar ahora conmigo, tenés para darle clases a un alumno por siete años, en cinco años de estudio, con todo lo que sabés, olvidate.

Sin embargo, seguí estudiando más de cinco años y comencé a dar clases. Como recomendación me dijo:

–Manejalo como vos, no como lo hago yo. Si enseñás como yo, te van a durar una o dos clases los alumnos, vos sos especial como otros que aguantaron, empezá de a poco y manejalo a tu carácter, yo te enseño para que el día de mañana seas tu propio maestro. Cuando enseñes vas a saber qué cosas equilibrar primero en los alumnos.

Algunos me pidieron que querían encarar estilos y, si veo que técnicamente no están bien, empiezo con lo primero pero siempre respetando el lugar del alumno, ya que muchos ya están tocando. Si siguiera el mismo ejemplo que Junior, pasaría lo que él me anticipó. Es un desafío enseñar, sacar lo mejor del otro, y siempre que viene un nuevo alumno digo: «¿Cómo hago para meter lo de Junior y que no se vaya, cómo mantengo esa cintura?». Siempre tratando de llevarlo para ese lado. Y así tengo alumnos que se la aguantaron y algunos que han dejado de venir. Trato de que no se vayan a un lugar tan obsesivo ni tanto a lo opuesto. Algunos ya sé que no van a estudiar en su casa (porque lo toman más como hobbie) y trato de hacer lo mejor posible para que puedan llegar a tocar más relajados, más de rebote de muñeca y de dedos y no tan rígidos, es un logro re importante.

Uno de los maestros que permanecen de esa misma escuela es Chiche Heger y le quedará el legado a algunos pocos. Si bien está YouTube y hay videos alucinantes como el de Jojo Mayer, por ejemplo, me parece que para estudiarlo tiene que haber un batero que lo haya estudiado con él, que lo pueda transmitir y que pueda acompañarte en ese proceso, que es fundamental. Hay gente que tiene vocación de enseñar como gente que tiene vocación de estudiar. También veo a alumnos que comienzan las clases conmigo y se nota que vienen con hambre de estudiar y vienen de estar con maestros de poco compromiso. El que enseña también quizás lo ve más desde una cuestión comercial y no nota que le está cagando la carrera a alguien, teniendo enfrente a una persona a la que realmente le tenés que sacar lo mejor de él, que depositó su confianza en vos. No sé si la mayoría es así, pero Junior lo veía desde ese lugar. Yo lo veo igual: tomar el compromiso verdadero. Por eso tengo pocos alumnos y no hago propaganda, ya que lo veo desde ese lado, del de darle bola en serio. Tampoco me guardo nada, si veo a alguno que ya empieza a tocar bien me encanta, he mandado a algunos de cambio mío y me gusta hacerlo. Es una cuestión que Junior hizo conmigo y que aprendí que está muy bueno cuando sucede. A veces vienen a estudiar alumnos con una idea de la batería como algo primitivo de tocar golpes y fuerte, de hecho hay bateristas conocidísimos que van por ese camino y se tocan todo pero solos, no los ves tocando con músicos desde el aspecto musical, es más como un malabarista pero eso no es música, y ahí está el error. El virtuosismo tiene que ir ligado con lo musical, sino pierde su sentido. Música es relacionarse, tocar con el otro, compartir con los que estés en ese momento, formando algo más lindo o menos lindo, pero de eso se trata, compartir. Es una cuestión de dar y recibir todo el tiempo, es como el lenguaje más sano, pero desde ese lugar. Con mi banda Diego Alejandro Grupo pude plasmar todo eso y en este cuarto disco que saco llamado En Sincro lo llegué a realizar de una forma más madura. Algunos lo toman desde otro lugar, como tocar más rápido, mejor, desde el lado de la competencia y es una gilada, cosa que no tenía Junior y trato de transmitir. Si vos estás tocando música, tenés que ser músico. En un punto vuelvo atrás, recuerdo todas sus enseñanzas y vuelve a tener razón.

MARCELO CASTRO

En la mitad de la década de los 80, conocí a Junior. Mi amigo Mariano Córdoba estaba estudiando con él mucho antes que yo. Cuando me quise poner más firme a estudiar la batería, justo me comentó que estaba estudiando con Junior. Me comentó que las clases eran increíbles y que tenía una data que no es de acá. De hecho siempre apuntaba a tener lo mejor de EE.UU. Si bien tenía su influencia brasileña, siempre te hablaba de los libros Gary Chaffe, Alan Dawson, Stick Control, Budy Rich, Sincopation. Le dije a mi amigo que me pasara el teléfono porque quería también estudiar con él. Cuando lo llamé, me dijo que no tenía turno y que lo llamara el mes siguiente. Lo llamé el mes siguiente y me dijo que tampoco tenía turno, que lo llamara el mes siguiente, y así dos o tres meses más fueron pasando. Tenía muchas ganas de estudiar y cuando lo volví a llamar por última vez le pregunté si conocía a alguien con la misma data que él que me pudiera recomendar y me recomendó a Alejandro Varela, quien hacía poco había regresado de Berklee.

Tomé clases con Varela como tres años, pero yo por dentro quería tener la experiencia de estudiar con Junior y seguí insistiendo hasta que un día se ve que le gané y cuando lo volví a llamar le dije: –Junior, quiero tomar clases con vos, haceme un lugar, tengo mucha intriga de lo que es estudiar con vos. –Bueno, está bien, a ver, tengo un lugar los martes a las cuatro de la tarde –me respondió. –¡No lo puedo creer! ¡Qué bueno! Toqué el cielo con las manos. El martes a las cuatro estoy ahí. –Si querés, tengo los jueves a las tres y los miércoles a las seis –terminó diciéndome. Por dentro pensé "este guacho entonces tenía lugar, me estaba escatimando el espacio, capaz porque estaba trabajando con alumnos viejos y no quería saber nada más". Comencé a estudiar y fueron tres años ininterrumpidos con él. Era un tipo al que le gustaba cuando el alumno estudiaba y terminamos teniendo una conexión muy importante. Seguramente porque estudiaba, porque era muy respetuoso. Había clases que duraban un montón y había otras que duraban quince minutos. Tenía un gran viaje hasta allá y capaz había un par de ejercicios que todavía le faltaban y él no daba vueltas. Me decía: "A ese ejercicio le falta, a este otro también". Cuando le faltaba a dos o tres ejercicios, había pasado solo un rato y decía: "Ahora ¿qué hago?". Te tiraba: "Bueno, ahí estamos", y me tenía que levantar y seguir. Fue una experiencia increíble. Después se me había puesto en la cabeza que tenía que ir a estudiar a EE.UU. Entonces terminé en el Musician Institute en el año 94. De hecho él mismo me lo avaló, me motivó a que fuera, a que viera por mis propios ojos el hecho de estudiar allá con los más grosos del mundo. Siempre cuento la siguiente anécdota: En el MI uno de los directores era Joe Porcaro y el curso de un año era el más groso. Cuando llegué había un argentino que me conocía de haber tomado una clase conmigo. Me aconsejó a que me tirara a rendir libre los dos primeros módulos que los tipos del Instituto te devolvían la plata. Había vendido todo para poder viajar y me servía para volverme a comprar la batería y aprovechar mejor las clases. También pensaba que iba a ser difícil rendir allá y, además, que los tipos te querían dar vuelta la cosa como para no devolvértela. Me tomaron un montón de cosas de técnica, de rudimentos, partituras de charts de big band. Me dijeron: –Bien, rendiste bien, vas a empezar a partir del tercer módulo. En ese momento el tipo era Bobby Grabiele y le pregunté cómo llegaba con lo que había dado, si con lo justo o había rendido bien. Y me dijo: "La verdad, te tengo que felicitar por la técnica con la que viniste", y ahí mismo dije: "Gracias Junior". Junior había sido el que había hecho hincapié con la técnica. Le agradecí especialmente a él y no a los otros profesores. ¿Saben por qué? Porque había cambiado un montón de veces de técnica. Ibas con un profesor y te decía: "Agarrá el palillo así", ibas a otro y te decía: "No, no, el palillo se agarra así". Junior me dijo: –Mirá, Marcelo, por cada profesor que pases te va a decir que agarres el palillo de una forma diferente. Mi experiencia me dice que pude tocar desde jazz hasta rock pesado con esta que uso, a mí me funcionó. Si querés, confiá en la que te enseño y no cambies nunca más. Era el match grip americano. Confié en él y le di para adelante hasta el día de hoy. Hasta fue avalada en ese examen libre en uno de los mejores institutos de batería del mundo. Yo lo que les digo a mis alumnos es que, cuando tenés un profesor que estudió mucho y además tiene mucha experiencia como músico, es lo más groso que te puede pasar. Tiene el aval de que todo lo que te enseña lo probó.

Eso fue lo que más me llamó la atención de Junior, dominaba prácticamente todos los estilos. Era jazzista, pero además un rockero. Tenía mucha seguridad cuando enseñaba y eso lo aprendí de él para cuando doy clases. Hoy tenemos muchos bateristas de su casa, de su estudio, famosos de YouTube que no salen de su casa, pero falta calle, de tocar de un pub chiquito, en un estadio. Hoy por hoy tenés muchos profesores que te dan un material y te dicen que vuelvas la semana siguiente. Cuando volvés, si lo tenés o no lo tenés bien al ejercicio, te dan otra cosa. Te dan un paradidle y te dicen: "Corregí un poquito la mano derecha, bueno, vamos al siguiente". Eso Junior no lo tenía. Hoy te quieren como deslumbrar con ciertos libros y métodos. Es importante eso de que al alumno lo debés acompañar hasta que aprendió el objetivo de lo que le querés enseñar. Ese fue un punto básico de la enseñanza de Junior. Cuando te decía que al ejercicio le faltaba o que vinieras la próxima clase te estaba queriendo decir: "Te estoy acompañando hasta que lo termines de entender". Eso me fascinó. En el momento, capaz habré renegado, puteado, pero el punto más copado de eso era el acompañamiento. Hoy por hoy se lo transmito a mis alumnos que aunque estemos veinte clases con un ejercicio sigo acompañando hasta que se cumpla el objetivo, hasta que lo entiendan, no hasta que lo toques como yo, porque yo lo toco desde hace veinticinco años, sino hasta que lo haya entendido. Ese es la labor del verdadero docente, tenía una paciencia increíble. Así como lo que le pasó a Junior, que hoy por hoy hay un montón de profesionales que han estudiado con él, a mí me está pasando con mis alumnos. Obviamente, no estamos hablando de los profesionales que formó él, pero que están tocando muy bien y eso te va dando el aval de que estás transmitiendo más o menos bien algo. Eso lo aprendí de él. Me acuerdo de que tenía situaciones lógicas de adolescentes con mi viejo que me hacía la guerra para que no estudiara batería, pero no mal. Es un santo, pero veía en ese momento como que me iba a matar de hambre. Ahí Junior fue detonante la ayuda que me dio. Era como mi segundo padre en ese momento. Había días en que le contaba estas conversaciones de mi viejo y el loco me escuchaba. Estaba ayudándome más que solo transmitirme un ejercicio. No solo me escuchaba, sino que le gustaba escucharme, porque nunca me voy a olvidar una clase a la que llegué muy desmadrado, con quilombos de vocación de la vida con mi viejo en el medio. Llegué y me dijo:

–Vamos a ver unas cosas del Stick Control. –Bueno, después te tengo que contar unas cosas –le dije. –No, dejá los libros, contame primero, sacá, después tenemos la clase. –Le estoy metiendo una garra tremenda, pero mirá si el día de mañana me va mal y pasa lo que me estaba diciendo mi viejo –le planteé. –Vos tenés que hacer lo que sentís –fue su respuesta. Esa fuerza me sirvió hasta el día de hoy, que puedo decir que soy uno de los pocos afortunados que pueden vivir de esto. Junior fue el que más me marcó en toda mi carrera. Mi carrera de estudio groso fue del 85 al 95 hasta que salí a la cancha, y de esos años, los tres que fueron con Junior fueron los mejores, me sirvieron para lograr ser un baterista. En su estudio, donde daba las clases, jamás vi una batería acústica, daba con batería muda porque era un departamento. Luego de volver de estudiar en EE. UU., lo fui a visitar, pero ya en su casa, donde había trasladado su estudio. Había llegado del MI, pero igual era un don nadie. Era el año 95 y me acuerdo de que le llevé un demo medio jazz fusión que había grabado en ensamble al final de la cursada. Para mí haber grabado en ese estudio fue una experiencia única, y el ingeniero de sonido era TJ Helmerich, que era el productor de sonido de Tribal Tech. Me acuerdo de que lo fui a visitar a la calle Pueyrredón y nos quedamos abajo tomando un café. Eran tres temas los que le hice escuchar y me dijo: "Ojalá que muchos en Argentina toquen esto como lo están tocando ustedes". Éramos pibes, no éramos grandes instrumentistas, pero me quiso decir que desde la humildad de tocar y no de sobretocar habíamos tocado lo necesario y para la música. En ese momento él estaba podrido de la gente que tocaba jazz fusión sobretocado.

Ese mismo año había hecho un libro de enseñanza de doble bombo y se lo llevé para que me lo revisara. Le dije: "Hice este libro, pero no tengo la experiencia de docente que tenés vos, me gustaría que lo revisaras". Lo revisó y me dijo que no tenía nada para corregirle. Fue un envión muy grande el que me dio. Me dijo: "Ponele tu nombre más grande, no tan chiquito, y también agregale que fue revisado por Junior, pero en chiquito". Me la terminó rematando: "Ahora ya terminó tu etapa de estudiante, ponete a tocar, basta, a salir a la cancha". Me acuerdo de que pasaron un par de años desde ese día y me llegó el comentario por parte de un conocido que Junior le había dicho: "Decile que pare de estudiar, que siga tocando". Él sabía que yo era un rompe pelotas con el estudio y que él me dijera eso fue como un gran halago. ¡Para que Junior te dijera que pares de estudiar! Para mí era un ícono él. De los tres años que estudié con él, me acuerdo no tanto de las cosas que estudié, sino más de las cosas de las que hablé, de la parte emocional. Los libros que vi fueron Stick Control, el Budy Rich, el Sincopation con la famosa página 37, todos los Gary Chaffee, y todo siempre leído con las distintas dinámicas. No tengo tantos recuerdos de las velocidades que te pedía. En el Chaffee 1, veíamos la lectura de figuras irregulares tocadas con dedos. Tenía también esas cosas que te tiraba, como las dinámicas. Me decía: "No son dinámicas, son matices". "Las dinámicas son respecto a las velocidades que puede tener un motor", me explicaba. Esa era una cosa muy de él, que me quedó, como la palabra "motricidad". Deberíamos preguntárselo a un profesor de Física a ver qué nos dice.

Hoy veo una gran falta de compromiso por parte de los profesores y lo veo en mis alumnos. Los nuevos llegan y me dicen: "Este tipo me estaba explicando un paradidle y todavía no había aprendido a agarrar los palillos", "Me había dado el Sincopation y todavía no sabía hacer un uno y uno". Te preguntás qué pasa acá. Lamentablemente, estamos con mucha información y este exceso de información hace que los pibes se vayan perdiendo, más sin la utilización de un guía. Vienen y me dicen: "Vos me explicás esto, pero fijate este tipo en internet que lo hace de esta otra manera". Y ahí se me viene el recuerdo de las palabras de Junior. Esto lo veo en general en todas las disciplinas. Los pibes están muy dispersos, viven con la cabeza a mil.

Yo como soy de una vieja escuela, en la que tenías que tocar de verdad para que sonara, hoy en día no se ve eso. Hoy agarrás el Prootols, tenés un pibe que te arma una batería increíble y después no la puede tocar nadie, solo tres personas en el país, ponele.

Y con las bandas también. Me mandan varios demos y yo ya no les doy más bola por esto. Antes era raro que un rockero estudiara y ahora veo que hay un giro al respecto. Era más "yo soy del rock", más a lo Bonham. Se abrió mucho el panorama y se dieron cuenta de que se puede seguir siendo rockero estudiando, "esto te va a abrir un abanico de posibilidades". Estudian un poquito de un libro, un poquito de otro libro, pero no agarran nada fuerte. Está bueno que pase esto, pero luego de haber estudiado bastante lo primario, me parece.

Junior te enseñaba técnica, lectura, estilos y te hacía tocar con groove. Me acuerdo de una anécdota de mi amigo Mariano. Me dijo que le iba a preguntar a Junior si tenía problemas en que fuera yo a presenciar la clase y le dijo que todo bien. Ahí lo conocí por primera vez. Me acuerdo de que se paró de la silla y se puso a tocar algo que nos quería explicar y la descosió, la rompió. Salía groove hasta de las maderas. Fui deslumbrado por lo que tocó y Mariano le dijo: –Che, Junior, te lo voy a traer siempre a Marcelo. –¿Por qué? –Porque ahora te parás y tocás. Nos matamos de risa... De hecho, la primera vez que lo vi tocar en vivo, fue con María Creuza en la costa, en su mejor momento. Lo brasileño lo tenía atadísimo. La que me perdí fue su época de la pesada del rock. Tocaba jazz, brasileño, rock pesado, todo. Nunca incursionó en el doble bombo. Yo lo que hice fue aplicar todo lo que me explicó con el pie derecho al pie izquierdo. Con el libro que hice no inventé nada, solo apliqué este concepto de lo que estudié con Junior. Siempre promulgó la apertura musical de sus alumnos. Le gustaba mucho que dominaras todos los estilos. Me acuerdo de que me encontraba con alumnos que salían de su sala de tomar clases y se lo escuchaba a Junior decir: "El que sigue", como si fuera una sala médica. Siempre ha tenido gente copada de alumnos, se ve que también hacia un tipo de filtro para pasarla bien y dejar el conocimiento en buenas manos. Yo soy de la idea de que nunca se pierde nada con la muerte de una persona. Todo es vida trasmitiéndose de uno al otro de generación en generación. Cada uno deja lo que tiene que dejar, todo es por algo. Si no, se cae en que lo de antes era mejor. Hoy por hoy tenemos lo que tenemos y lo que nos han dejado los maestros siempre está vigente. Soy un tipo muy espiritual, hago yoga, meditación y respeto todas las religiones sin ser de ninguna. Tuve mi época de cristiano, de budista, y hoy encontré un punto en común de la religión que es estar bien con vos y saber que Dios es todo. Cada ser humano está haciendo un paso que tiene que hacer en su vida y Junior ha hecho un gran paso, el de generar conciencia. Hay maestros hindúes que tienen enseñanzas muy actuales siendo del año 1930. Decís: "Qué loco que lo que dejaron esos maestros siga con el tiempo". Lo bueno que dejó Junior va a seguir en lo bueno de cada persona que lo siga difundiendo, pero no va a ser de Junior. Va a ser de esa magia del que también le transmitió a

Junior. Eso es lo lindo. Que nadie crea que tiene algo propio, sino que es un fluir de una enseñanza universal. Eso es lo que me ayuda a vivir, a ser feliz. Ha dejado mucha bondad de los años que ha vivido y esa bondad no tiene fin. A mí me encantan esas historias de la India en donde el maestro, antes de enseñarle la primera nota del Citar al discípulo, le decía que tenía que estar algo de tres años meditando porque si no, no iba a poder estar una hora con el instrumento en la posición de Loto. Y de alguna manera, Junior tenía algo de eso cuando llegabas por primera vez a sus clases con algo de experiencia y de conocimiento, y terminabas yéndote frustrado, comenzando como un retiro espiritual de varios meses hasta que te decía: "Bien, ya entendiste". Y yo hago lo mismo. Algunos me odiaron, pero tengo mucha gente me ha querido porque me agradecieron mucho cuando pasaron esa barrera que los fortaleció. Si bien él no te hablaba de religión, era un tipo muy espiritual, tenía muy puesto los valores.

JORGE ARAUJO

Primero que nada, Junior fue uno de los tipos realmente importantes a nivel bateristico y después a nivel docente que existieron, que coincidan ambas cosas es algo bastante difícil de encontrar en un músico. Era un tipo muy reconocido como baterista y por sobre todo con lo que respecta al jazz y al latin. Tenia conceptos muy buscados por mi generación. Tanto él, como el Negro Gonzalez te los cruzabas en lugares como La Oreja y eran ellos los que tenían la posta. Capaz daba la casualidad que en algún momento te abrían un poco la puerta, te sentabas en su mesa y poder escucharlos ya era todo un aprendizaje, aparte de verlos tocar en vivo obvio. Si Junior te daba la posibilidad de estudiar de forma particular era como algo inimaginable, tremendo. Llegué a Junior por Fito Messina, era muy amigo de él. Una vez que tuve el contacto fuí como pensando estudiar determinadas cosas. Cuando llegabas a Junior te sentabas y te cambiaba el paso de una. Yo tenia veinte uno, por ahi. Me acuerdo que era un pibe que tocaba en el ambiente y Junior era un tipo que le encantaba investigar sobre músicos mas jóvenes, al igual que al Negro Gonzalez, y algunos bateros le venían comentando de mí y cuando me ve tocar en la primer clase le agarró como una especie de tentación y yo me dije "qué pasó", y él con mucho nivel me dijo "No, pasa que me hablaron bastante de vos pero ahora que veo vamos a tener que laburar bastante"!. Era un tipo super irónico, con mucho humor y si no lo conocías o no tenías ese mismo humor no se como lo hubiera tomado otra persona. Son cosas que son importantes también porque sin ser agresivo, no peyorativo, consiguió en mi una especie de llamado de atención importantísimo. Ahora lo utilizo con mis alumnos, quizás llega alguien y me dice que viene a estudiar tal cosa y capaz que después salimos para cualquier otro lado. Evidentemente, el docente tiene que tener esa capacidad de ver sinceramente qué es lo que está pasando, ver qué es lo que necesitas, por más que vos te creas que te acercas por una razón particular, porque la verdad es que hay prioridades. Me acuerdo que había caído con Junior para estudiar el grip tradicional, y al final terminé estudiando cosas del Gary Chaffe, ni con el normal ni el tradicional los tocaba!. Es el día de hoy que le agradezco todo. Durante muchos años tuve mucho contacto con el Negro Gonzalez, venia tocando con Alambre, con Martin Porto, proyectos mas jazzisticos pero yo los veía tocando en diferentes formaciones, con diferentes bateros como Pocho Lapouble y otros. Medio como que entré en una situación de contacto con bateristas que manejaban una información de la que estaba totalmente alejado. Después cuando empecé a tocar con El Negro, empecé a pensar cómo tocaba Junior esa música. Junior improvisaba, podía tocar sobre la música, te desarrollaba solos sobre varios coros de un tema sin abandonar esa forma. No sé qué entendía de eso yo, porque venía de otro palo, de escuchar y tocar mucho rock, y eso me abrió la cabeza, mas allá del enfoque estilístico, sino mas que nada su enfoque musical. Ese concepto mas jazzistico, más allá de los estilos creo que es eso lo que me cambió la cabeza. Y Junior tenia eso, tocaba terrible la batería y después hacia esto que te decía, a un nivel musical importantísimo.

Él generó también un interés muy grande en mí con cosas que me enseñó y que han terminado en un libro que hice y que tiene que ver con los métodos del Gary Chaffe. Son unas hojas que las estudié muchísimo aplicándole un montón de cosas y variables. Éstas hojas hablan básicamente de las subdivisiones como los quintillos, septillos, figuras que yo prácticamente no conocía. El era muy amigo de que uno pudiera tocar impares y cosas irregulares, para un lado y para el otro. Yo venia muy par, liderando todo lo que hacia con la mano derecha y me lo ha hecho laburar un montón. Muchas de esas cosas las empecé a naturalizar y a aplicarlas a una gran cantidad de cosas. Junior lo que logró junto a Alejandro Varela, arrancando con el lenguaje del tambor tocando figuras es un dominio fundamental. Vos no podes estar constantemente liderando de un lado. Ambos me han ayudado mucho en tener un manejo en la batería mucho mas amplio. A Varela me lo recomendó Peyceré en una reunión. Me ayudó de una manera increíble, yo tenia diecinueve años más o menos y estudié mucho tiempo con él. Después arranqué con Junior un año prácticamente. Al principio, a los quince o dieciséis años comencé con Daniel Bolpini, me abrió la cabeza haciéndome conocer a Steve Gad, Terry Bossio y ese tipo de data. Luego Varela, Junior y al final Chiche. Todos generaron una tendencia en mi manera de pensar y de tocar muy fuerte al punto de despersonalizarme un poco. Es inevitable igual, porque la admiración que uno tiene por ellos más lo que te han dejado generan una tendencia. Está bueno que los bateristas busquemos lo que somos nosotros básicamente. Me acuerdo cuando estudié con Varela, me hizo agarrar el Sincopation y ya directamente sonaba bien, y cuando lo tocaba en la batería tenía que encontrarle la vuelta para hacerlo sonar a mi manera. Las etapas en las que apareció cada uno de ellos fueron justas. Yo cumplí cincuenta y me pasa lo mismo que los músicos adultos de mi época cuando era pibe, por ejemplo con Tomy, con Pablo Gonzalez, Jardina, Pedernera, Villanova, son mas chicos obviamente y cuando tocamos en algún lado que me los cruzo me planto a escucharlos y tocan increíble. Me ha pasado de ir a Jazzypop y no poder hablarle al Negro Gonzalez hasta que terminara de tocar el bajista que estaba mirando, quedaba como abstraído. Yo soy muy parecido, la otra vez por ejemplo, armé unas bases con el bajista Andrés Pelican, y me acordaba un poco de las generaciones de los pibes actuales, que vienen con un lenguaje que yo lo veo como con tal novedad y que para ellos es algo bastante natural.

Te sentabas a hablar con Junior y te hablaba de cualquier músico, no solo de bateristas. Y después con el tiempo tuve la suerte de que Junior me haya derivado algún que otro alumno, cosa que nunca me lo esperé y para mí fue algo tremendo, encima conociendo lo exigente que era, me hizo sentir muy bien. Para mi fue un halago terrible. Una vez tuvimos un encuentro de bateristas que organizó una marca y me acuerdo que estando Junior presente me decía que conocía perfectamente un video que habíamos grabado con los Monos con Navaja junto a Scott Henderson y me hablaba de lo que yo tocaba ahí. Me sentí muy halagado que un tipo como él, con su exigencia me dijera con conocimiento de causa cosas como " en tal tema hiciste tal cosa, en este otro metiste esto otro" y yo no lo podía creer. Después nos fuimos a comer juntos, fue una tarde muy linda que pasamos con él, fue impresionante, la verdad no me lo hubiera imaginado nunca. A varios alumnos les recomiendo otros bateristas como docentes, por ejemplo Giunta, Pipita Veira, Tomy Saenz y eso está bueno que pase, lo que nunca me imaginé fue lo mismo de Junior.

SEBASTIAN PEYCERÉ

Me lo habían nombrado en el ambiente musical. Escuché la palabra Junior Cesari y pensé que era un baterista de afuera y resulto ser brasilero. Yo tenia quince años cuando empecé a escuchar maravillas de él. Estaba Jazzypop que lo tenia el Negro Gonzalez, un contrabajista de primera que tocaba siempre con él y con Horacio Larumbe. La onda era ir a esos lugares para verlos tocar. Yo estaba como comenzando a aprender jazz y El Gordo era " él referente ", tocaba como una bestia. Tocaba música brasilera también y aparte de saber todos los trucos tenía una velocidad tremenda. En el año 84 vino el pianista David Kikoski, uno de los mejores pianistas que existen. Tocó con Roy Haynes y... Jeff Wats. Cuando vino lo fui a ver, Junior tocó con él y fue impresionante. Fue la primera vez que lo ví y se tocó todo. Me impresionó. Obviamente que tocando con un músico que tenia mucho nivel elevó en ese momento también el nivel suyo. Lo vi tocar con todos los jazzeros de acá. Desde Fats Fernandez hasta el que quieras. Él agarró una época donde habían muchas grabaciones en vivo y en la que no existían todas las máquinas electrónicas que existen ahora. Grabó propagandas, películas, para canales y demás. Después vino el recambio comenzando a aparecer las baterías electrónicas, los bateristas empezando a tocar de otra manera y yo tuve que ayornarme y también tocar de otra manera. Fue un gran cambio. Apareció un tipo de batero diferente musicalmente pero respondía tocando sobre la bata electrónica realizando grabaciones de ese tipo. Había más laburo maquinoso. A mí nunca me termino de gustar. Hubo un bache musical muy grande tanto acá como en otras partes del mundo. Hubo luego una refundación del jazz con los hermanos Marsalis y otros, de donde salieron grandes bateristas como Jeff Wats, Rhalp Peterson, Marvin Smith, Dennis Chambers, porque se venía tocando mucho fusión, jazz rock y el jazz estaba medio quedado. Entonces a fines de los ochenta empezó una reacción a todo eso desde el jazz, el rock, el funk y la música en general y eso cubrió también acá. Se empezó de nuevo a tocar más música pelando de verdad y ahora existen cosas nuevas totalmente creativas. Porque era muy jodido tocar jazz. Miles Davis, el tipo mas jazzero se modernizó poniendo sintetizadores y era raro. En los boliches siempre se tocó jazz como acá también. Antes de esa época de los ochenta Junior tocaba muchísimo. No habían tocadiscos, radios que sonaran muy bien tampoco, discotecas habían algunas pero había mucho laburo en vivo. Era jodido para algunos tipos laburar porque buscaban al baterista con cierta imagen, como más marketinero con toda una pavada de cosas y bueno... Actualmente hay de todo. Las discográficas no son como antes, sacar un disco hoy es prácticamente por amor al arte. Se perdieron muchas cosas de cierta época. En los ochenta empecé a tocar. Mi primer disco profesional lo hice en el 82 con la banda Dulces Dieciséis. Hacíamos giras con Los Abuelos y otras bandas por el país y en una oportunidad tocamos con BB King. Ahora hay mucha más información en internet, si no fueran por mis alumnos hay cosas que no sabría que existen. En aquella época no sabias ni las caras de los tipos. Antes si tenías una persona de confianza que escuchara buena música te intercambiabas los discos. Por aquel tiempo empecé a estudiar con Carlos Riganti. Carlos siempre me hablaba de Junior. El gordo tocó en el 94 en el Zildjian Day con Dennis Chambers, Will Calhoun y Alex Acuña y habrá sido un sueño para él porque era muy fanático. En el 97 estuve yo en el Zildjian Day y el gordo fué. Salía como de encubierto y si salía de su casa era porque quería ver una buena banda, a un buen batero o a una jam. Me veía como un par pero más joven con toda su misma escuela antigua de rudimentos y demás. Fue muy lindo. En cada evento que toqué como éstos jamás pensé ni preparé el "solo". Uno tiene un montón de patrones en la cabeza y según la emoción mía arranco y continuo y es lo que termina emocionando al publico. En un evento de esa magnitud no podría poner una maquina, me gusta improvisar. Tocamos bateria y a mi me gusta transpirar la camiseta con esa misma escuela vieja. Los días previos toco más de lo normal y dos días antes del evento no muevo un músculo.- Qué hago, un ritmo pop? Un ritmo funky? A mi particularmente me gusta la mezcla de estilos, algo que tenga mucho groove, de todo. Tiene que ser un viaje. Son eventos especiales. Y Junior era igual que yo, venimos de la misma escuela. Físicamente cambio mucho todo, ni hablar con los rudimentos. Yo me lo tomo como el boxeo, obvio que es música pero para llegar físicamente yo no practico en una goma - Para ver como suena bien el rulito? no. Practico en un almohadón, en algo que no rebota, entonces cuando me siento en la batería hago un rulito que puede llegar a escucharse hasta la ultima fila. Si te amplifican mas o menos o no tan bien, vos terminas teniendo el sonido en las manos. El gordo aplicaba la misma escuela para llegar a los niveles de exigencia que tenía. Teníamos frecuencias similares. Si me das una empanada para tocar o cualquier cosa la afino y toco con lo que haya. Ahora hay toda una cosa que si no toco con mi pedalcito o con mi tamborcito... no... cambiaron las épocas. El sonido está en las manos. Yo tenia unas cacerolas que sonaban como los discos. Era todo mas artesanal pero como debía ser. Es como en el potrero en el fútbol, te das cuenta en un segundo quién maneja ciertos códigos que vos no manejas. En un primer compás el tipo tira un redoble y decís este tipo es tremendo, arranco así el recital y te quedas helado. Alumnos míos que han estudiado con Junior me decían que El Gordo era muy exigente al borde de la frustración. Creo que si no tenías un buen temperamento no sabias cómo sobrellevarla, pero te chicañeaba para que salieras bueno, no de maldad. Tenía un modo pedagógico que era su manera de apretar para que dieras más y era el propio estilo de la vieja escuela. Era como el boxeador que le decís "muy buena la piña pero en dos minutos te hacen knock-out". Ahora el alumno cuando llega te dice que quiere sacar tal tema, hacer tal cosa y antes era imposible. Le decías eso a Junior y te decía andá estudiar con otro. Tengo una anécdota que fue cuando quise estudiar con él. Ya venia tocando profesionalmente y él me había visto varias veces porque también compartíamos el mismo ambiente musical. Por suerte siempre me vio tocar inspirado, cuando toque algún que otro rock and roll como el orto por suerte nunca estuvo! Quería estudiar técnica de escobillas y me fui a verlo. Quedamos en encontrarnos en un cafe que era en la esquina de la casa. Nos pusimos a hablar de todo y le dije que quería tomar clases de escobillas y me dijo que no podía porque estaba con muchos alumnos y que tenía los horarios tapados, igual siempre desde el lado de la humildad. Yo creo que me veía como un colega y sé que me quería mucho. No habían muchos que tocaran música que a él le gustara y lo que yo tocaba le gustaba. Tenía esa forma como de personaje Jack Nicholson exigente pero que sabia que a mi no me la vendía. Había un compinchismo y siempre tenia una sonrisa. Tenía unas anécdotas que te morías de risa. Con Junior compartíamos los mismos gustos musicales. En la época que yo era pibe estaba tocando también Lucio Mazaira. Pelabamos, salia sangre. Eramos dos pendejos con pelos largos que tocábamos y hacíamos quilombo. Oscar Giunta sacó el mayor toque de Junior. En el año 84 no había tanta información en Argentina hasta que vino Alejandro Varela de Berklee y trajo toda una data. Y Junior como era amigo y colega suyo agarró la misma data. Los Chaffee, el Sincopation, Alan Dawson y otros más que no recuerdo. Antes te escribían todo y esto era mas interpretación, ante mismos arreglos se empezaron a aplicar distintas formas de tocarlos. No se si otra persona haya ido a Berklee en ese mismo tiempo y la haya traído por otro lado pero todos nosotros la tuvimos por Alejandro. Eran junto a Junior muy perfeccionistas en la digitación, en los volúmenes y demás. Si para la próxima clase lo tocabas "como el orto" fuiste.

JOTA MORELLI

Lo conozco a Junior desde principios de los 80...

Tocaba en el famoso bar de san telmo llamado Jazzypop! Por ahí pasaron artistas increíbles como Chick Corea, los Brecker Brothers, etc..

Él tocaba muy seguido ahí con otro legendario, el Negro Gonzalez, que tocaba el contrabajo..

Luego en los 90 frecuentábamos mucho en la famosa casa de musica Drummer de Gustavo Perez, donde él iba muy seguido y ahí lo veía de vez en cuando, charlabamos de todo. Yo no fuí alumno de él pero ha dejado un gran legado el maestro...

Sus toques maravillosos con Maria Creuza y las jams de Jazzypop quedaran en mis recuerdos por siempre.

OSCAR GIUNTA

Soy nacido en la ciudad de Mendoza. Allá empezó todo el berretín mío con la música a través de mis viejos que ensayaban en casa. Cuando nos trasladamos a Buenos Aires en el año 80, yo era muy chiquito, tenía 5 o 6 años. Mi viejo y mi vieja, de alguna manera, un poco por herencia por lo que venían tocando en Mendoza, cayeron en Buenos Aires al circuito de los músicos de jazz, los tipos que tocaban música instrumental. Entre esos tantos referentes estaba Junior, por supuesto.

Tengo dos recuerdos paralelos del mismo año. Uno era que mi viejo que se llama también Oscar Giunta y es contrabajista, tocaba con una cantante que se llamaba Diana María. Una cantante melódica de esa época, bastante famosa y, bueno, el baterista era Junior. Se da que un día, uno de los ensayos se hizo en mi casa. Cae Junior a ensayar con mi batería Nucifor que se caía a pedazos, es la que hace poco restauré, la puse muy bien. Esa fue la primera oportunidad que tuve de escuchar a Junior en directo y conocerlo. Yo tenía siete años. Creo que mi vieja y mi viejo le contaron después del ensayo que a mí me gustaba Billy Cobhan y que estaba todo el día con el disco Spectrum tratando de sacar cosas, fanatizado, estaba todo el día escuchando ese disco en vinilo.

Mis viejos le insistían a él para ver si yo en algún momento podía estudiar con él. Junior les dijo a mis viejos que pusieran el disco para ver si podía tocarlo. Me puse a tocar con esa inconsciencia propia de los niños, sin saber bien cómo iba la cosa, y el tipo estaba realmente sacándome la ficha. Me acuerdo del Gordo parado a mi lado, escuchando lo que tocaba. Y creo que se llevó alguna grata sorpresa y les dijo a mis viejos que le mandaran al pibe. Pasó un tiempo más hasta que empecé a tener más contacto con el Gordo en clases.

Junior laburaba seguido con una banda de eventos donde se tocaba buena música, con arreglos y cosas bastante lindas, donde también laburaba mi viejo. Yo a veces lo acompañaba y lo ayudaba a llevar el teclado, en esa época mi viejo tocaba el piano más que nada. Entonces siempre tenía la oportunidad de verlo a Junior en acción, de escucharlo, de acercarme a preguntarle qué estaba usando.

Junior tuvo siempre una forma muy particular de ser y de dar sus clases. Era un tipo muy ácido por un lado, y muy estricto, por otro lado, pero si uno sabía escarbar todo eso, en el fondo había una gran bola de cariño. Era muy padrazo de sus alumnos y les agarraba cariño. Siempre te estaba preguntando por tu familia principalmente. Siempre preguntaba cómo andaban los viejos, las hermanas. Era un tanazo.

Me acuerdo de la primera clase que fue tremenda porque él me dio un par de palos bastante generosos en medidas, creo que eran unos palos cinco b, y me hizo tocar. Yo creo que, con alguna inconsciencia también de pre adolescente, dije: "Bueno, lo voy a sorprender con algo", y el tipo se me cagó de risa... Me miró como diciendo "yo, con estos escarbadientes, te paso por arriba, pendejo"... Y me mostró unas cosas tremendas que no se podían creer.

Las hacía más que nada para embalarte. Eran clases duras, no te dejaba pasar una. Ahora las recuerdo con cariño.

A veces, me hacía ir a buscarlo al bar que estaba en la esquina. Llegué y estaba comiéndose una hamburguesa, que debería ser la sexta que se comía. Me preguntó si quería tomar algo, le respondí que quería un té, y me dijo si no me iba a hacer mal para el sueño, y se cagó de risa. Por ejemplo, recuerdo haber estado ocho meses con el ejercicio Endurance, de Gary Chaffee. Me mataba estudiando y no había forma de que me la dejara pasar. Me decía: "Andá a estudiar, dejame la plata y andá a estudiar".

Muchas veces me he ido llorando de la bronca y de la impotencia porque me preguntaba cuándo. Con esas dos hojas llegué a tener pesadillas. Soñaba que las figuras me perseguían. Se me armó todo un mambo con esas hojas, que se me habían convertido en una obsesión. El sentimiento de felicidad cuando llegué a tocarlas y que él me subiera el pulgar fue una alegría total. Estuve bastante tiempo con eso, gastando más tiempo del que quería.

De hecho, ahora lo toco con cierta velocidad y con cierta flexibilidad, pero creo que no es ni la mitad de lo que había llegado en aquel entonces. Había llegado a una velocidad ridícula, pero de obsesivo nomás. La cuestión de la técnica respecto a la motricidad, no necesariamente con la velocidad, es lo que recuerdo principalmente de Junior. Cómo incide la motricidad y la memoria muscular, la física de la acción en la creación del sonido. Cada golpe tiene un movimiento distinto y, aparte, él siempre estaba haciendo hincapié en tocar mediante articulación. Me hablaba de proyección acústica, control acústico. Todo ese tipo de términos que yo, con once años, pensaba de qué me estaba hablando. Tardé un montón de tiempo en darme cuenta de lo que realmente él me estaba queriendo decir. Aparte de poder comprobarlo en carne propia. Lo sigo experimentando.

Él me fue guiando en muchas cosas sin que yo, al principio, me diera cuenta cabalmente de qué significaban o qué representaban. Simplemente él me orientaba y me llevaba por esa ruta. Y me fui dando cuenta, con el tiempo, en qué incidía cada cosa. Me hacía laburar los full taps arrancando a los noventa grados, golpeando y volviendo al punto inicial. Siendo pibe, lo veía al Gordo sentado tipo buda haciendo ese movimiento y yo trataba de relacionar ese tipo de cosas con los tipos que escuchaba y veía, y yo no veía a nadie tocando así.

Tardé mucho en comprender que era el principio de la generación de los movimientos, generando la articulación, y otro montón de cosas. El capital real de las clases lo fui descubriendo con los años. Algunas cosas no tanto. Sobre todo en esa edad en la que uno está embalado en pegarle a la bata, tocar, divertirse con un despliegue de energía. Cuando sos más grande, necesitás otro tipo de cosas para tocar. A eso apuntaba el Gordo, y está buenísimo.

Por otro lado, él también había absorbido mucha data de primera mano con tipos de primera A cuando venían acá a tocar. Con toda esa personalidad fuerte que tenía, como altanero, tenía ese otro costado de una humildad extrema, tanto que si venía alguien de quien podía aprender, era el primero que estaba sentado enfrente tratando de preguntar.

Junior contaba con esa doble cualidad de que, además de ser un gran maestro, tenía la situación de estar tocando de forma constante. Uno tenía ese parámetro de escucharlo y verlo en acción. Estaba buenísimo. Principalmente recuerdo de Junior a un maestro de raza, formado con maestros que provenían de otra tradición, que eran muy estrictos. Por eso él también había heredado esa forma. Educativamente, en cuanto al instrumento, en nuestro país fue como un poco una bisagra. Ofició de nexo entre los primeros maestros que hubo acá, que fueron algunos maestros de él, como Nino Docena, el Oso Picardi y Yepes. Eran tipos más que nada del palo clásico. Tenían como la ortodoxia esa de la doctrina de ejecutante de música clásica. Eran tipos que por ahí estudiaban el tambor con grados. Quince grados sobre el tambor articulación en un metzopiano; a cuarenta y cinco grados, metzoforte; a noventa grados era el fortísimo. Y eso era así y era así. Cualquier cosa que se saliera de esa norma era una cagada a pedos.

Junior tenía mucho de eso, pero también tenía la flexibilidad del músico que se curtió tocando en bares y en una situación más callejera. En lo personal, son los músicos que más me gustan. Aquellos que toman un poco de diferentes mundos. Tenía la educación más propia del músico clásico, con lectura y gran conocimiento técnico, pero aparte era atorrante con respecto a la calle. Tenía cancha. Tenía esa doble faceta. A mí me encantaba eso. Ciertamente, tenía un costado alucinante como persona. Fue un costado que quizás descubrí mucho más de grande. Empecé a compartir con él otro tipo de cosas. Por ahí en algún momento nos cruzábamos en algún festival y compartíamos la bata. Nos quedábamos charlando antes y después de tocar. Nos cagábamos de risa y estaba buenísimo. El último recuerdo que tengo fue no mucho antes de que falleciera. Pasaron varias cosas en esa época.

A mí me convocaron para tocar con Wayne Shorter cuando el Gordo estaba internado. Las primeras cosas que había escuchado de ellos fueron de los discos que me había mostrado Junior cuando era muy chico. Supe que, cuando el Gordo se enteró de que yo había tocado, se había emocionado mucho y se había puesto muy contento. Me hizo llegar una felicitación. Para mí fue un lindo tributo a él que, gracias a Dios, se lo pude dar en vida.

No mucho tiempo antes de eso, yo estaba tocando en Jazzypop, que era como su segunda casa. El dueño era el Negro González, quien había sido su coequiper durante muchos años con Larumbe. Estaba la batería armada de espaldas a la entrada. Junior sabía que después había un show de trasnoche, entonces, cuando termino de tocar, me levanto a saludar al público y cuando miro para el lado de la entrada, veo una mega sombra de buda que no podía ser otra que la de Junior. Era un contorno, no se veía su cara. Me daba cuenta de que era inequívocamente la figura del Gordo. Si no era para ir a tocar o por una jam session, no se movía de la casa. Cuando lo vi, me acerqué a saludarlo, y cuando estaba llegando hacia él me di cuenta de que estaba con lágrimas en los ojos. Me dio una abrazo y me dijo: "Bien, pendejo, tocaste para la música, la puta que te parió"... Esa fue la última vez que tuve contacto con él, la última vez que pude verlo, darle un abrazo. Para mí, en perspectiva, tiene un valor simbólico enorme. Esas últimas cosas fueron una pequeña y humilde forma de devolverle mucho de todo aquello que me dió. Fue a principios del dos mil once. Lo de Wayne Shorter fue en Junio y esto habrá sido en Marzo.

Su principal inquietud innata era que la gente aprendiera a tocar bien la batería. Estaba como obsesionado con eso. Le daba por las pelotas que un instrumento sonara mal por culpa del que lo tocara. Tenía esa cosa. La frase del Gordo era "como el orto". Siempre era como el orto, estaba todo como el orto, toca como el orto, suena como el orto. Era un personaje pintoresco por demás. Hablando más o menos en general, saliendo un poco de la persona, era ese tipo de personas del ámbito de la música que son irrepetibles. Principalmente, porque los músicos de mi generación, o de las inmediatamente antes, son músicos que ya tuvieron la posibilidad de ir a estudiar afuera y vienen como con otra idiosincrasia de alguna manera. Gente como Junior pertenece a un último eslabón de personas que vinieron de una bohemia, de una época muy grosa de Buenos Aires que ya no existe. Una cosa más de boliches, de cabarulos en el bajo. En la calle 25 de Mayo y Reconquista, en esa época, habían muchos cabarulos, donde había mucho laburo. Los tipos salían con un redoblante y unos platos y se iban pasando de un boliche al otro. Tenían el training de tocar en orquestas. Todos los canales de televisión tenían una orquesta estable. Había mucho laburo con los músicos. Laburo fijo. Muchas grabaciones.

Me contó que en una época llegó a hacer 24 grabaciones por día. No eran grabaciones de disco, pero todo lo que escuchabas en la tele o en el cine era música tocada, me contaba. Las cortinas de los programas de Carlitos Balá eran tocadas. Los himnos patrios eran tocados. La propaganda de dentífrico Odol era tocada. El Gordo junto con el Zurdo Roizner, Jorge Padin, estaban todo el tiempo grabando en ese tipo de laburos. Les iba bien, eran rápidos para grabar. Grababan todo lo que se te ocurra. Desde discos de cantantes hasta música de documentales. Sé que el Gordo, por ejemplo, tenía dos o tres flacos con tres sets de batas que iban en distintos autos. Mientras el Gordo estaba grabando en un lado, estaba uno de ellos armando en otro lado. Me contaba que podía cambiar de auto todos los meses o una casa por año. Cosas que hoy son medio impensadas, las fichas se movieron para otros lugares.

Por ahí, también las generaciones de esta gente, de las cuales hay algunos sobrevivientes, gracias a Dios, fue gente que tuvo tanto laburo que no dedicaron tanto tiempo a sus carreras artísticas propias, solistas. Siempre estaban haciendo algo, laburando. Pocos de ellos tuvieron esta iniciativa de dedicar su tiempo a proyectos propios. Por eso, el Gordo, a nivel discográfico, recién grabó en su último momento. Hay un montón de cosas de él dando vueltas. Mi viejo tiene un vinilo de Mar del Jazz del 82 u 83, de una época tremenda del Gordo.

Era un tipo muy pintoresco y, al mismo tiempo, con una gran sabiduría del instrumento. No solo había estudiado un montón, sino que también tenía la sensibilidad y la perspicacia suficientes para poder sacar grandes conclusiones y certezas para deducir muchas cosas. Él había armado un método a partir de muchas cosas que había absorbido de muy joven y de su propia experiencia. Era un docente increíble.

Una vez, creo que sería en el año dos mil ocho, me llamaron para tocar en un festival de bateristas en Panamá, con Cobahn. Lo tremendo de eso es que pasé una tarde con Cobahn en el camarín. Me pongo a tocar unas cosas con los dedos en uno de los pads y el tipo se me pone a mirarme como sorprendido. Cuando volví me lo crucé al Gordo en Drummer y le conté: "Se me quedó mirando fascinado con la técnica de dedos". Me miró, empezó a reírse con cierta grandeza y me dijo: "Obvio", como diciéndome que esas cosas me las había pasado él. Era un tanazo, un tipo tano tano. Sacaba a relucir un poco su nacimiento brasileño y la verdad es que se las daba de carioca, pero yo creo que muy en el fondo de su corazón era básicamente un tanazo, Cesari...

Sus alumnos éramos como sus hijos. Nos cagaba a pedos, básicamente, porque nos quería. A veces, no lo hacía de la mejor manera. A veces, podía llegar a herir, pero siempre con un gran corazón. Recuerdo, por sobre todas las cosas, eso. Un viejo de esos que son medio duros, no precisamente demostrativos, en el sentido de la bondad tan arquetípica. Pero sembraba cosas sanas. Daba el ejemplo de pelarte el alma. Lo recuerdo con muchísimo cariño y mucho respeto. Siempre descubro cosas que él me decía, me doy cuenta de que eran grandes verdades y las utilizo. Tuve la suerte de que me convocaran para presentar la línea de Junior de los platillos Bosphorus. Le hicieron como un ride a modo tributo. Deliberadamente, decidí tocar muchas cosas que el Gordo tocaba, como frases, y con el tipo de aprouch que usaba él. Terminé de tocar y subió Emma, su hija mayor, llorando, y me dijo: "De repente, fue como si lo escuchara a mi viejo". Para mí fue re groso. Y después, en otra ocasión, cuando presentaron su disco El Legado, fuimos con Diego Alejandro.

Graciela lo cagaba a pedos para que no fumara o para que no se comiera los sándwiches. Lo cuidaba para que no se zarpara. El Gordo se escapaba a tocar y se llevaba en la funda de los palos cuatro panes flautas de sándwiches. Era como un nene en ese sentido. Era muy devoto de Tony Williams y de Jack Dejohnette sobre todas las cosas.

Cuando teníamos aquella primera videocasetera en los 80, mi viejo se iba a la casa de Junior y copiaban videos de Blue Note donde estaban Tony tocando con Herbie Hancock; Jack con no sé quién más, Bill Evans... Eran grandes colegas y la pasaban bien. A principios de los 80, no era tan común que alguien tuviera una video, mucho menos que alguien tuviera esos videos de música de esos tipos. No existía YouTube, el cine tampoco te pasaba Tony Williams. Tenían esa posibilidad de verlos a los tipos, no solo de escucharlos.

El Gordo tenía una foto de Mickey Roker en su estudio de la calle de Entre Ríos. Era un batero que había tocado en el disco Speak like a child, de Hancock. Había venido a tocar con otros músicos al San Martin y Junior había tomado unas clases con él. Había venido también un batero llamado Rufus Jones con el que fué. Una vez tomó una clínica en el viejo Sindicato de Músicos de la calle Paraguay. Una vez Jack Dejhonette hizo una clínica en Constitución para un importador. Había venido con Jarrett y lo llevaron a hacer una clínica. Esa vez fuí y estaba también el Gordo. Eso fue en el noventa y cuatro, creo.

En el mismo año, había sido el primer Zildjian Day de Argentina, yo fui como público. Junior, por aquella época, había entrado como endorser de Zildjian y, junto con la gente de Drummer, tuvo mucho que ver en la organización del evento. Estuvo Dennis Chambers, medio en su etapa de apogeo, que fue una cosa de locos. Estuvo también Will Calhoun y Alex Acuña. Y de acá tocaron Daniel Colombres, Marcelo Mira, Jota Morelli y Junior. Fue un evento bastante largo, recuerdo que duró toda una tarde, un montón de horas. Lo de Junior estuvo buenísimo esa noche. Ese mismo día estrenó una Ludwing que le habían dado también por ser endorser de la marca.

Es muy común recaer en la cosa de nostalgia por lo ocurrido en el pasado y tiendo a pensarlo de otra manera. Lo que se fue con Junior más bien es el recuerdo de una gran época. Junior es como un gran símbolo de nuestro país, de la música y de un montón de cuestiones. Por otro lado, creo que la actividad docente que tuvo durante muchos años dejó un semillero muy grande de grandes educadores y bateristas. Él se perpetuó en mucha de esa gente, que también a su vez, son personas que lo han llevado a lenguajes más contemporáneos, más actuales. Y eso a su vez va a seguir mutando.

Me parece que ese es su mayor legado. Su contribución a la evolución y a la historia del instrumento en nuestro país y en el mundo también. Muchos alumnos de Junior migraron hacia el exterior. Muchas de las enseñanzas de él llegaron a países de Europa y a otros países de América Latina, a EE. UU. también. Otra cosa alucinante de Junior, a diferencia de otros maestros, incluso de algunos más actuales, es que tenía serias inquietudes de que sus alumnos tocaran bien el instrumento, pero que no se le parecieran a él estilísticamente o en el sonido. Él te incentivaba a que vos desarrollaras tu sonido inmanente, innato, inmejorable. Hacía que te descubrieras. Él no te hacía copiarlo. Trataba de que vos encontraras tu mejor forma de sacar provecho de vos mismo.

Tenés alumnos que tocan con un sonido y un lenguaje diametralmente opuestos, pero todos suenan bien. Marcelo Castro, batero de Animal, toca con doble bombo, con esa presión heavy llevado a un gran nivel y un gran audio. Está Fito Messina, con esa escuela más funky. Diego Alejandro, que se especializó más hacia lo brasileño, latinoamericano, afrocubano. Quintino es otro, orientado más al candombe. Yo fui más para el lado del jazz. También absorbí mucho de esa cosa brazuca, también más para el lado del jazz. Son muchos músicos del círculo de Junior con gran amplitud estilística. El legado de Junior sigue acá, vivo, y sigue yendo para adelante.

BIOGRAFIA DE ROBERTO JUNIOR CESARI

Nacido en 1945 en Río de Janeiro, Brasil y radicado en Buenos Aires, Argentina en 1953, desarrolla su actividad musical desde 1960. Siendo la cuarta generación de músicos estudió Piano a los 11 años y a los 14 años comenzó a estudiar Batería. Sus primeros pasos en la profesión fueron reemplazos a su primer Maestro, Luis Varela y luego la orquesta de su tío Mario Cesari. En 1968 y durante 3 años fue baterista de Maria Elena Walsh. Fue sesionista de Bandas de Sonido de Películas, Música Publicitaria y mucha de la Música Discográfica nacional y extranjera. Intervino en las orquestas estables de los canales de TV 7, 9, 11 y 13, como también de Teatros de revista y comedias musicales de Argentina. Realizó shows y recitales con artistas locales y extranjeros en el Interior y el Exterior del País. Fue fundador e Integrante de Grupos Pop en los 70`s. Ha tocado en Jam Sessions con innumerables solistas extranjeros citando entre tantos a Chick Corea, Sir Roland Hanna, Dave Kikowsky, Wynton Marsalis, Randy Brecker, Joe Newman, Cliford Jordan,Kenny Garrett, Marc Johnson, Alex Blake, Jimmy Rowser, Hermeto Pascoal group, François Lima, Pixinga, Iteberé, Vinicius Assumpçao Dorin, Walmir Gil, Horacio Fumero, etc. Así mismo con artistas locales como Baby L. Fürst, Jorge Navarro, Ángel Sucheras, Santiago Giacobe, Gustavo Bergalli, Rubén Barbieri, Ricardo Lew, Marcelo Mayor, Walter Malosetti, Javier Malosetti, y otros. Formó parte de los grupos musicales de Jorge López Ruiz, Chivo Borraro, Jorge Anders, Fat´s Fernández, Américo Belloto, Francisco Rivero, Héctor (Costita) Bisignani, Andrés Boiarsky, Erico Rava, Chuck Wayne, Mauricio Einhorn, Sebastiao Tapajos, Don Barrows / Kevin Hunt, y otros.

Integró el "Horacio Larumbe trío" desde 1979 hasta el 2003.

Desde el año 1975 integró infinidad de agrupaciones de Jazz en casi todos los locales de Jazz de Buenos Aires, Santiago de Chile y Montevideo (Uruguay).

Realizó el Tour de La Alianza Francesa de Argentina con el Trío de Horacio Larumbe y el Tour de la Fundación de Artes del Gobierno de Brasil (Funarte) con el nombre de "Projeto Pixinguinha" junto con Carlinhos Cor das Aguas, Maria Creuza y Sebastiao Tapajos por el Nordeste de Brasil.

Ha actuado en Festivales de Jazz latino-americanos y europeos como baterista de la cantante brasileña María Creuza durante 28 años con quien hizo giras por América, Europa y Asia, junto a Victor Díaz Vélez, Olmir "Alemao" Stocker, Rodrigo Campello, Reamir Scarante, Joe Vasconcellos, Wagner Dias, Cristiano de Oliveira, Ney Cenceiçao, y junto a quien llegó a compartir escenario con Miles Davis en el Festival Grec de Barcelona en 1987.

Ha dado Clinics y Workshops en eventos de Percusión patrocinados por importantes marcas internacionales. Participó del primer Zildjian Day en Buenos Aires (1994) junto a Daniel Colombers, Jota Morelli, Marcelo Mira, Alex Acuña, William Calhoun y Dennis Chambers.

Desde 1990, en colaboración con el trompetista Américo Belloto trabajó en la formación de Ensambles Orquestales para el desarrollo y la práctica de la Articulación, Expresión y la Lectura Musical en el Jazz, siendo ejemplo de esto las Clinics, Clases, Seminarios, Ensayos Abiertos, Talleres, Conciertos y Grabaciones en vivo que realizó con el Ensamble de Jazz de la ciudad de Santa Fe.

La Cámara de Comerciantes de Instrumentos Musicales le otorgó el Premio Pionero "Mejor Baterista de Sesión" y el saxofonista norteamericano Pharaoh Sanders lo distinguió y homenajeó como "Preservador de la John Coltrane Tradition".

Desde el año 1967 desarrolló una vasta carrera docente, formando a gran cantidad de alumnos que actualmente se desempeñan profesionalmente en Argentina, Viña del Mar (Chile), Bogotá (Colombia), Río de Janeiro y Salvador (Brasil).

Integró desde el año 2001 al 2008 el grupo de Jazz argentino "Los Swing Timers" con quienes grabó el CD "Tributo a Cortazar", y participaron del Congreso Internacional de Literatura (Rosario 2004) como también del Festival internacional de Jazz "Lapataia" (Pta. del Este, Uruguay - 2005)y en la Feria del Libro de Porto Alegre (Brasil - 2005), entre otros shows y con quienes recibieron el Premio Konex al Mérito 2005 en el rubro Conjunto de Jazz.

Debutó en Mar del Plata con su Trío acompañado por Jorge Armani (Guitarra), Juan Pablo Navarro (Contrabajo) en Febrero 2008.

Desde su apertura en 1978 y en su reapertura en 2008 hasta principios de 2011 formó parte del staff musical de "Jazz & Pop" Buenos Aires y de varios grupos de jazz.

Entre finales de 2010 y principios de 2011 grabó "Legado", su primer y único disco como solista, en el que testimonia su arte y virtuosismo, y nos transmite su gran herencia musical.

Junior Cesari - ALBUM "Legado" Online en Itunes: https://itun.es/us/WITdG

SOBRE EL AUTOR

Ángel Maximiliano Jurado, nació el 23 de Diciembre de 1986, en la cuidad de Trelew, provincia de Chubut, Argentina.

Comenzó su carrera musical a los ocho años de edad en su segunda ciudad natal, Mar del Plata, donde empezó a estudiar guitarra clásica en el Conservatorio Nacional Luis Gianeo.

A los diez años, encontró su verdadera pasión por la batería. Sus primeros profesores fueron Claudio Campos, Alex Mitzula, Cristian Borneo y Arturo Álvarez, quienes desde sus distintas formas de enseñar lograron formar una primera base de recursos y de conocimientos, que le permitieron al autor comenzar con un primer período de actividad profesional, que abarcó desde los doce a los veintiún años de edad. En dicho período, tocó con algunas de las bandas más destacadas del circuito de la Costa Atlántica, entre ellas: Prisma, Delorean, Quatro Torres, The Stuck, Marcus Lion, Inpulso y Ubika. Esta experiencia, lo llevó a recorrer y experimentar con diferentes estilos musicales como rock progresivo, funk, reggae, house music, electro-pop, entre otros.

Paralelamente, se desempeñó como docente en el Instituto Musical Colegio Tonal, dictando clases individuales y realizando ensambles grupales los cuales se cristalizaron en presentaciones finales en el Teatro Colón y la Biblioteca Nacional.

En el año 2008 se trasladó a la Ciudad de Buenos Aires para continuar su carrera y expandir sus conocimientos, comenzando a tomar clases con el gran Maestro Roberto Junior Cesari, con quién el autor terminó de cristalizar su profesionalismo y carácter hacia el instrumento.

Durante el año 2012 se introdujo en la música electrónica, sin dejar su actividad como músico sesionista, para luego de un proceso arduo y continuo de producción de sus propias canciones, finalizar su primer álbum de música Electro House de forma independiente titulado Night and Day.

A partir del año 2015, decidió hacer una pausa en su trabajo como músico de sesión, para lograr un retiro de estudio a tiempo completo, en el cual comenzó a tomar clases con el maestro Diego Alejandro, con quien encaró la segunda etapa de estudio fuerte de tambor sinfónico y estilos musicales, los cuales no habían podido ser concretados con el maestro Roberto Junior Cesari, debido a su fallecimiento.

Durante los años 2015 y 2016 dio comienzo a su primer libro titulado "Respeto al Tambor" Homenaje a Roberto Junior Cesari, uno de los padres de la batería en Argentina. En marzo del año 2016 decidió audicionar para la universidad Berklee College of Music de Boston quedando admitido como alumno cursante a partir del año 2017.

Fanpage: MaxJuradoOficial
Facebook: Max Jurado
Twitter: @Max_jurado
Gmail: maxjurado@gmail.com
Soundcloud.com/max-jurado

AGRADECIMIENTOS

A mi familia entera. Octa por ser una inspiración constante.
Agostina Lombardi por acompañarme, quererme y curarme.
Familia Lombardi, Graciela Fagonde Cesari,
Tía Lic. Monica Jurado por orientarme, Mauro Farina,
Arturo Alvarez, Tomás Corbalán, Facundo Saigg,
Facundo Almirón, Ignacio Vitullo, Federico Kressi,
Isidro Canuto Juarez, Martin Larragneguy,
Pablo Javier Pereyra por compartir la misma locura,
Jony "Guachen" Aquino, Gabito Russo, Cliford, Fito Messina,
Oscar Giunta, Marcelo Castro, Diego Alejandro,
Sebastián Peyceré, Jorge Araujo, Jota Morelli,
Juan Frende, Federico Selas, Augusto Dante Napolitano,
Andrea Cragaris, Monica Corral, Licenciado Mariano Chami.

BIBLIOGRAFÍA

Raul Ceraulo. *Entrevista a Junior Cesari - Tema Docencia.* Programa radial "Duelo de Tambores" - FM La Tribu 88.7mhz. Buenos Aires, Argentina.
Recuperado de https://www.youtube.com/watch?v=xpxzoeIrlWw
Cronología Junior. Buenos Aires, Argentina. (Archivo inédito)

Índice

Libro editado por

Editorial Autores de Argentina

www.ingramcontent.com/pod-product-compliance
Ingram Content Group UK Ltd.
Pitfield, Milton Keynes, MK11 3LW, UK
UKHW041639190726
13854UKWH00006B/2585